Étude de M⁰ **NICOLAÏ**, notaire à Semur (Côte-d'Or).

Objets d'Art
& Antiquités

Appartenant à M. le Baron X...

A VENDRE AUX ENCHÈRES PUBLIQUES

AU CHATEAU DE FLÉE

Les 9, 10, 11, 12 et 13 Avril, et les 28, 29, 30 et 31 Mai 1912

et jours suivants, à 1 heure de l'après-midi

AU COMPTANT & 10 % EN SUS

On peut visiter, dès maintenant, tous les jours, de 9 h. à 11 heures
et de 2 heures à 6 heures.

Des affiches, placardées à Semur et à Flée,
indiqueront, chaque matin, les objets mis en vente dans l'après-midi.

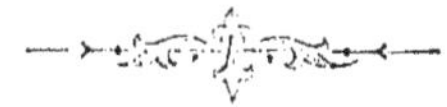

S'adresser, pour tous renseignements, à **M⁰ Nicolaï**, *notaire à Semur.*

SEMUR-EN-AUXOIS
IMPRIMERIE GENERALE — H. CANAT & Cᴵᴱ
1912

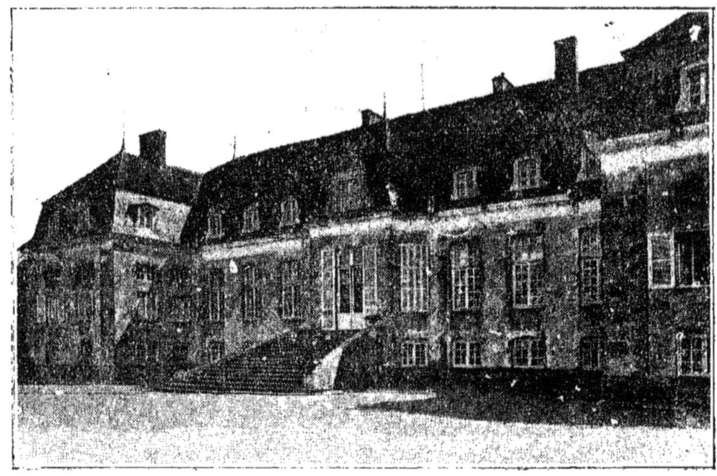

CHATEAU DE FLÉE

De nombreuses autos à volonté, des voitures de louage, permettent, à part les voies ferrées, de multiples et faciles excursions dans les environs. Semur est d'ailleurs immédiatement reliée aux Laumes, station importante de la grande ligne P.-L.-M., où s'arrêtent tous les express. La station des Laumes est à 2 kilomètres d'Alesia, et là aussi on trouve automobiles et voitures à volonté.

Des hôtels très confortables, à Semur même, à Saulieu, à Époisses, à Montbard, à Flavigny, à Avallon, permettent aux touristes une villégiature des plus agréables dans notre Auxois dont l'hospitalité est proverbiale : « *Les Semurois se plaisent en l'accointance des estrangiers.* »

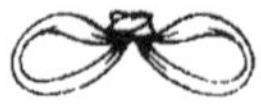

LISTE DES OBJETS

DE LA

COLLECTION DU CHATEAU DE FLÉE

Tableaux et Antiquités.

1 Des naufragés, tableau, E. F. du XVIIIe, école de Vanloo.
2 Ange de l'Annonciation (XV), peinture sur bois.
3 Grande aquarelle, Départ de Jacob pour la terre de Chanaan (XVII), S. C. B. D.
4 Un Concert, mosaïque de bois de couleur, époque Louis XIII, C. B. D.
5 Passage de la mer Rouge, F. Franch, C. B. D.
6 Porte de tabernacle, fer repoussé, Sacrifice d'Abraham (XVI).
7 Vatteau de Lille, un camp (XVII).
8   do   —
9 La Petite Passion, de Callot, gravure sur argent, C. B. S. D.
10 Plaque bronze, La Vierge, encadrée, H. (II).
11 Grande Kermesse, de Breughel (XVI) signé.
12 Tableau de fleurs avec des colombes, C. B. S. D (XVIII).
13 Tableau de fleurs avec un chien, C. B. S. D. (XVIII).
14 Entrevue de Charles le Téméraire et Claude de France (XV), *Marmion.*
15 Femme et Amours dans un bosquet, Van Balen, E. F.C. D.
16 Chasse, verre gravé (XV), C.
17 Tableau, copie de la Vierge, de Mainardi, sur cuivre, cadre doré sculpté.
18 Miniature, Têtes de Jésus, enfant et image, cadre.
19 La Vierge et l'Enfant, école flamande, Jean Metzis, C. B. D. (XVI).
20 Vierge et enfant, terre cuite italienne polychrome (XVI), C. S.
21 Petit cadre, vieille image peinte.
22 Plaque argent, Adoration des Bergers, C., bois noir (XVI).
23 Peinture femme, miniature (XVII).
24 Paysage italien, Soleil couchant.
25 Paysage flamand, Decker, original.
36 Cadre ovale noir, plaque cuivre, Martyre de St-Étienne.
27 Cadre ovale noir, plaque cuivre, Conversion de St-Paul.
28 Tryptique flamand, Adoration des Mages (XVI), Lucas de Leyde, Apôtres peints sur les volets.
29 Portrait de Louis XVII à la Conciergerie, C. B. S. (XVIII), école de David.

95 Rue de Venise, peinture, Fa-
bius Brest, orientaliste.
96 Christ apparaissant sanglant
entouré d'anges, Crivelli
(xve).
97 Tableau, portrait d'Henriette
d'Angleterre, maquette, C.
B. D, Van Dyck.
98 Danse de Paysans, tableau de
Breughel *le Drôle,* C. B. D.
(xviie)
99 Tableau Russe (xviii).
100 Tableau, aquarelle, Intérieur
de Chapelle, Granet de Lyon.
101 Pinel de Granchamp, Lecture
musicale.
102 Lettre enluminée, Le Baptême
de Jésus, cadre doré (xve).
103 ?
104 Tête vénitienne, peinture sur
cuivre et cadre.
105 Plaque bronze, La Vierge,
d'après Téniers (xvie).
106 Plaque de cuivre ronde.
107 Plaque étain.
108 Plaque cuivre, Enlèvement des
Sabines (xvie).
109 Miracle de saint Bernard (xve),
Haute-Italie, E. de Signo-
relli.
110 Dessin rehaussé, La Vierge et
l'Enfant (xviie).
111 Les Chevaux chez le Ferreur
(Géricault), original (xix).
112 Triomphe de Vénus, dessin,
Boitard.
113 Vierge et Enfants, gouache
Louis XIV, C. B. D. S.
114 Portement de Croix, cuivre,
cadre.
115 Albâtre, Le Christ en Croix
avec personnages, cadre doré (xvi).
116 Cuivre, Le Temps, encadré sur
velours.
117 Pape et un Clerc, peinture sur
cuivre, C. B. D. (xvie).
118 La Vierge, l'Enfant et les Anges,
Giotto (xive).
119 Gravure peinte, Pie VII, C. D.
120 Trois miniatures, souverains
(xviiie).
121 Chien habillé en avocat, Caran
d'Ache.

122 Portrait de femme, Mignard
(xviie).
123 Tableau, La Messe du pape
Grégoire, école flamande
(xvie), C. B. D.
124 Dans beau cadre bois sculpté
et doré, saint Jérôme, marbre du xive.
125 Saint Jean écrivant l'Apoca-
lypse, Henri Met de Bless,
Flamand (xvie)
126 Bois sculpté, Fleurs en bou-
quet.
127 Médaille bronze encadrée
(xviie).
128 Paysage, école française (xviiie)
bois, C. D.
129 Petit cuivre de bénitier
Louis XIII.
130 Icône, 3 saints, peinture et argent.
131 Tableau sur cuivre, sujet religieux à 8 pans (xv).
132 Tableau sur cuivre, sujet religieux à 8 pans (xv).
133 Icône vierge argent et peinture (xviie).
134 Icône russe, le Christ, argent
et peinture (xviie).
135 La Toilette de Vénus, C. B.
D. S.
136 Tableau femme.
137 Tableau homme.
138 Portrait, Mme de Flye, Nattier.
139 Petit portrait de femme,
Louis XIV, Mignard.
140 Médaillon bronze Henri IV,
C. B.
141 Martyr de saint André, du Do-
miniquin, maquette, C. D.
(xviie).
142 Peinture, Portrait d'un Garde,
C. B. S.
143 Aquarelle, Pot de Fleurs
(xviiie).
144 La Vierge et l'Enfant Jésus,
école italienne, C. B. D.
145 Saint Joseph et l'Enfant Jésus,
école de Ribeira (Espagne),
C. B. D.
146 Vierge et Enfant et Saints
école italienne.

147 Grand tableau de fleurs et fruits, Couronne (XVIIe), Monnoyer, C. B. D. S.

148 Tableau sur bois, L'Adoration des Bergers, école italienne (XVe).

149 Tableau sur bois, La Circoncision, école italienne (XVe).

150 La Fruitière, école flamande, C. B. D.

151 Portrait de Marie-Antoinette enfant, école allemande, C. B. D. S.

152 Paysage italien.

153 —

154 Tableau sur cuivre, Pascal Baylon, école espagnole (XVIIe).

155 Scène de cabaret sur bois, Palamède, C. B. D. (XVIIe).

156 Croix peinte du XVe.

157 Paysage (Hoblema signé), C. B. noir.

158 Constantinople, Un Coin du Marché, F. Brest.

159 Couverture de Missel, Gentille de Fabiano, or et cuivre (XVe).

160 ?

161 Cavalier Henri II, peint sur marbre, C. B. noir.

162 Vierge et Enfant, maquette.

163 Maquette, Cérémonie du sacre d'un évêque.

164 Femme et Enfant, genre Jordaens, grand tableau.

165 Téniers, La Tentation de saint Antoine, C. B. D. S.

166 Tableau de Berghem, vaches et paysages (XVIIe).

167 Christ en Croix, 2 personnages (XVIIe).

168 Eau forte, Lucas de Leyde, Résurrection de Lazare.

169 Eau forte, Lucas de Leyde. David et les Filles de Jérusalem.

170 Tableau italien cadre bois.

171 La Fuite en Egypte, Van Balen et Breughel, B. S. D.

172 Coucher de Soleil, peintre français du XVIIe.

173 Tableau, Le Patineur, Van Ostade (XVII).

174 Tableau, paysage signé Van Oorten, flamand, C. B. D. (XVII).

175 L'Ecrivain, tableau de Brauwer, signé (XVII).

176 La Vierge et l'Enfant, p. italienne, E. Léonard, C. B. S.

177 Grande Kermesse, Téniers, C. B. S. doré.

178 Un tableau de Tiepolo : La Vierge.

179 Un tableau de Tiepolo : La Glorification.

180 Le Christ en Croix, un Personnage, C. B. S.

181 La Résurrection, école Sienne, C. R. S. D. (XIV).

182 Tableau, Les Pêcheurs, genre Bassan (XVIIe).

183 Volet de tryptique, Portement de Croix, flamand (XVIe).

184 La Vierge, Jésus et Anges, (XVIe).

185 Gravure peinte anglaise, La Mère et Enfants.

186 Huet, petite gravure peinte, C. B.

187 L'Air et les Oiseaux (XVIe), Van Kessel, C. B. D. (XVIIe).

188 Personnages hommes et femmes à genoux, croix au milieu, école hollandaise (XVIe).

189 Polyptique 5 volets, école de Sienne (XVe).

190

191 Retable d'autel, 4 saints sur bois (XIVe).

192 Devant de coffre mariage, Gentille de Fabiano (XVe).

193 Grande gouache éventail Louis XIV, C. B. D. S.

194 Tableau, La Résurrection, école de Sienne (XIVe).

195 Tableau (XVIe), Hérodiade et tête de saint Jean, Badile, école génoise du XVe.

196 d^o

197 d^o

198 Portrait d'un architecte, époque Louis XIV, C. B. D. S.

199 L'Adoration des Bergers, grand tableau, école italienne.

200

201 Tableau-portrait d'une Duchesse de Mantoue, C. B.

202

203 Tableau de la Présentation au Temple, école italienne (xve).

204 Copie de Miéris, peinture.

205 Petite gouache enfant jouant (xviie).

206 Petite gouache enfant jouant (xviie).

207 Cadre, tête d'homme cuivre : Messire Brulard.

208 Panneau décoratif : Corbeille de fruits sur bois (xvie).

209

210 Femme et Amour, peinture française (xviie), C. D. S.

211 Terre cuite, Vierge et l'Enfant, C. B. D.

212 Terre cuite, Vierge et Enfant peints (xviie), C. B.

213 Grand panneau peinture, 2 personnages et saints (xvie).

214 Dyptique, Messe de saint Grégoire et mise au tombeau (xvie).

215 Sainte Madeleine, tableau.

216 Tableau de l'école italienne : Lucrèce se tuant (xvie).

217 Tryptique peint : La Vierge, roi et reine Espagne (1635).

218 Tryptique de l'Annonciation, ferrure xve, vénitien.

219 Portrait femme jouant de la guitare (xviie).

220 Portrait d'homme (xviii), C. B. D. S.

221 La princesse Sophie, fille de Louis XV. Nattier, C. B. D. S.

222

223 Portrait de femme (xviiie), C. B. S. D.

224 Paysage suisse signé (xviiie).

225 Scène champêtre, personnages Leprince, C. D.

226 Portrait peint femme. Clouet (xvie), C. D. B.

227 Portrait de femme voilée (xvie), C. B.

228 Dessus de porte : Le Vieillard trompé, C. B. D.

229

230 David et les Filles de Jérusalem. Tableau Lucas de Leyde (xvi).

231 Tableau intérieur flamand : L'Accouchée visitée (xviie).

232 Tableau : Sous bois, chasse, peintre flamand (xviie).

233 Port de mer : Bouth, nombreux personnages, C. D. S.

234 Une gouache de Diéterle : Bord d'un lac.

235 Une gouache de Diéterle : Bord d'un lac.

236 Grande lettre de Missel enluminée (xve).

237 Tête de Saint Fondatin, bois.

238 Gouache : Une Chasse (xviie), C. B. D. S.

239 Calendrier Empire.

240 Petit tableau aquarelle : fleurs, C. B. S.

241 Saint Vincent de Paul sur soie et brodée.

242 Dessin à la pointe. Lucas de Leyde (1514).

243 Grande page de Missel, peinture enluminée (xvie).

244 Lettre de Missel, Adoration des Mages (xvie), C. B. S.

245 Grande lettre de Missel, David, C. B. D. (xve).

246 Paysage, Bord du Doubs.

247 Gravure peinte, femme anglaise.

248 Petit dessus de cadre, avec peinture Christ (xve).

249 Gravure à deux teintes, tableau flamand.

250 Ancienne Vue de Beaune.

251 Mise au tombeau, sans cadre.

252 Aquarelle, Cottage anglais.

253 Tableau (xvie) : L'Homme entre le vice et la vertu.

254 La Vierge et l'Enfant (école italienne), tableau.

255 La mort terrassant le genre humain, sur cuivre, Otto Venius (xvie).

256 Gravure peinte : une Vierge, de Raphaël.

257 Portrait de femme (Henri II), C. B.

258 Portrait d'homme du temps (Louis XVI), C. D. B.

259 Tableau : Le Ciel, œuvre du xviie s.

260 Tableau : Adoration des Mages.

261 Tableau d'Oudry : Chiens et Renard, C. B. S. (xvii^e).
262 Tableau : portrait de femme (xviii^e).
263 Tableau : Saint François d'Assises, Alonzo Cano (xvi^e).
264 Tableau sur cuivre : Saint François d'Assises (xve), C. B.
265 Ruines B. D. S. Palissy (xviiie).
266 Assomption, cadre ovale, B.D.S.
267 Portrait prince de la Maison de Savoie, cadre ovale bois.
268 Portrait d'homme (Louis XIV), cadre de bois.
269 L'Annonciation, copie ancienne, Fra Angelico.
270 Maquette du tableau de Gérard (Napoléon), C. B.
271 Adoration des Mages, tableau de Tiepolo (xvie).
272 Vue de Constantinople, F. Brest, signé.
273 Portrait de l'amiral d'Estrée, Mignard (xviie).
274 La Circoncision, gravure allemande teintée.
275 Tableau : Adoration des Mages, Flamand (xvie).
276 La Vierge de douleur, cadre bois peint et doré (xvie).
277 Sujet Louis XV, peinture habillée, gravure.
278 Sujet Louis XV, peinture habillée, gravure.
279 Sujet Louis XV, peinture habillée, gravure.
280 Vase fleurs et oiseaux, peinture sur toile.
281 Vase fleurs et oiseaux, peinture sur toile.
282 Dessus de portes, de Boucher, cadre bois sculpté.
283 Panneau décoratif dessus de porte, de Boucher, cadre bois sculpté.
284 Tryptique, peinture et sculpture, volets peints (xvie), la Crucifixion.
285 Dessus portes peintures, encadré bois, fleurs et vase.
286 Dessus portes peintures, encadré bois, fleurs et vase.
287 Tableau de fruits, guirlande, C. B.

288 Nature morte de Fyt, grand cadre bois doré.
289 Tableau de fleurs et vase Louis XVI. C.
290 Tableau flamand, intérieur de Boucherie.
291 Tableaux d'oiseaux, genre Oudry, C. B. S.
292 Tableau portrait de femme du xviii. C. B.
293 Grand tableau, fleurs et fruits (xviii).
294 Portrait de femme du xv. s., C. B.
295 L'Accordée de Village.
296 Gravure encadrée.
297 — —
298 — —
299 Gravure, Le Portement de Croix, Raphaël (avant lettre).
300 Gravure encadrée.
301 — —
302 Gravure, La Loterie.
303 Gravure Téniers.
304 — —
305 Gravure ancienne.
306 — —
307 Grande gravure anglaise. Niobé (Wooleck), xviii.
308 Enfant, gravure.
309 Gravure, un enfant.
310 Gravure d'une vieille femme.
311 — —
312 Vierge à la Chaise, gravure sur acier.
313 Gravure anglaise.
314 Gravure, un Saint et Apparition.
315 Déposition de la Croix.
316 Gravure, Bossuet, d'après Rigaud. Drevet.
317 Marie Leckzinska, gravure.
318 Gravure Lutherbourg.
319 Eau forte, tête d'homme.
320 La Jeunesse (Lancret).
321 La Vieillesse (Lancret).
322 L'*Ecce Homo*, eau forte de Lucas de Leyde. C. B. marquetté (xvie).
323 Eau forte anglaise. B. O. Connel.
324 Christ tissé soie. C. B. S. D.
325 Petite miniature encadrée, Sœur de l'Hôpital.

Armes.

326 Fusil à pierre.
327 Fusil à pierre arabe.
328 Fusil à mèche persan damasquiné or.
329 Fusil à pierre canon damasquiné or, russe, dédicace de Catherine II.
330 Fusil à pierre monté argent.
331 Fusil à pierre à deux canons. Versailles, gravures.
332 Fusil.
333 Fusil à pierre turc incrusté argent.
334 Fusil à pierre avec nacre, vénitien.
335 Fusil à pierre allemand incrusté.
336 Fusil à pierre.
337 Carabine Lepage.
338 Arbalète, bois et ivoire gravé Henri II.
339 Epée Louis XV garde dorée gravée.
340 Grand sabre de cavalerie avec son fourreau gravé.
341 Grand fer de hallebarde gravé.
342 Epée Louis XIV garde ciselée.
343 Epée à coquille dorée.
344 Couteau de chasse.
345 Sabre turc et son fourreau.
346 Couteau de chasse manche d'ivoire.
347 Couteau de chasse Louis XV.
348
349 Epée du XVI espagnole gravé espagnol
350 Fer de hallebarde (XIV) gravé.
351 Grand glaive avec fourreau de cuir.

352 Epée turque avec son ceinturon doré.
353 Manche de fusil Henri II incrusté.
354 Pistolet à pierre monture dorée.
355 Pistolet Louis XV complet.
356 do
357 Baïonnette pour sangliers.
358 do
359 Hache fer forgé (XIIIᵉ).
360 Baïonnette à fourreau ancienne.
361 do
362 Couteau arabe.
363 Eperon mexicain avec argent.
364 Eperon.
365 Petit canon.
366 Serpe en fer gravée.
367 Mors fer gothique.
368 Poignard indien.
369 Poignard turc.
370 Couteau catalan garniture cuivre.
371 Couteau arabe.
372 Couteau à fermoir argent,
373 Une batterie fusil à pierre.
374 Une batterie de fusil à pierre.
375 Etrier de joutes Louis XIV.
376 do —
377 Tambourin du Midi.
378 Cotte de maille (XIV) Jaseran.
379 Arbalète.
380 Hallebarde.
381 Hallebarde (XVI)
382 —
383 Casque Henri II gravé et damasquiné (XVIᵉ).
384 Dos de cuirasse fer gravé (XVIᵉ).

Faïences et Porcelaines.

385 Assiette Nevers 1741 (faïence).
386 Assiette Nevers verte personnage (faïence).
387 Assiette Rouen à la Corne.
388 — —
389 — —
390 Assiette Nevers ordinaire.
391 Une assiette Moustier.
392 Assiette faïence Moustier.

393 Saladier Rouen.
394 Plat faïence grand polychrome Delft.
395 Un plat de Delft personnage
396 Grand plat Nevers.
397 Plat Moustier bleu.
398 Assiette Chine.
399 —
400 Plat Chine.

401 Plat Chine.
402 Assiette Rouen personnage faïence.
403 Plat Moustier à fleurs.
404 Assiette Delft.
405 —
406 —
407 —
408 Porcelaine Chine polychrome.
409 Assiette Chine famille, verte.
410 Assiette Strasbourg au coq.
411 Assiette Strasbourg révolution.
412 Assiette Delft non terminée.
413 Assiette Delft.
414 Assiette Delft finie.
415 Un plat Compagnie des Indes.
416 Compotier vieux Rouen.
417 Assiette Strasbourg à fleurs.
418 Assiette faïence Strasbourg drapeau.
419 Assiette faïence Restauration.
420 —   —
421 Assiette Delft polychrome.
422 Grand plat Rouen.
423 Grand plat Moustier.
424 Grand plat à huit pans Nevers.
425 —   —
426 Plat Longchamp.
427 Plat Chinois.
428 Assiette creuse chinoise.
429 Assiette famille rose chinoise.
430 Assiette porcelaine Chine.
431 Assiette porcelaine famille rose.
432 Assiette porcelaine Chine polychrome dorée.
433 Assiette creuse chinoise.
434 Assiette creuse chinoise.
435 —   —
436 —   —
437 Assiette porcelaine famille rouge.
438 Assiette chinoise famille jaune.
439 —   —   rouge.
440 Assiette chinoise plus foncée.
441 Assiette chinoise.
442 Assiette chine famille rouge.
443 Assiette de la Compagnie des Indes porcelaine.
444 Assiette de la Compagnie des Indes porcelaine.
445 Assiette de la Compagnie des Indes porcelaine.
446 Assiette de la Compagnie des Indes porcelaine.
447 Assiette porcelaine Lockray.
448 —
449 —
450 —
451 —
452 Assiette porcelaine Saxe.
453 —
454 —
455 Assiette duc d'Orléans, Strasbourg.
456 Assiette Nevers, verte, personnages.
457 Assiette Moustiers vert, personnages
458 —
459 —
460 —
461 —
462 —
463 —
464 —
465 —
466 —
467 Assiette porcelaine chinoise.
468 Assiettes chinoises.
469 Assiettes chinoises famille rose.
470 Assiette faïence Strasbourg chinois.
471 Assiette faïence Strasbourg au chinois.
472 Assiette faïence Strasbourg au chinois.
473 Assiette faience Strasbourg au chinois.
474 Assiette faïence Strasbourg au chinois.
475 Assiette faïence Strasbourg au chinois.
476 Assiette faïence Strasbourg au chinois.
477 Plat italien faïence homme (XVIe)
478 —   femme —
479 Plat faïence (grand), polychrome Delft.
480 Plat faïence (grand), polychrome Delft.
481 Dessous de plat faïence urbino (XVIe).
482 Grand plat bleu Lyon.
483 Plat italien polychrome, reflet métallique (XVIe).
484 Grand plat Delft chinois.
485 Assiette personnages chinois, ancienne.
486 Plat Moustiers jaune.

487 Assiette Chine.
488 Assiette Chinois.
489 Assiette Moustiers vert.
490 Assiette Moustiers.
491 Assiette Nevers polychrome fleurs.
492 Plat porcelaine sujet Louis XVI.
493 Assiettes Nevers fleurs polychrome.
494 Plat porcelaine japonais.
495 Assiette faïence Gallet, de Nancy.
496   do
497 Assiette faïence de Pekson.
498 Assiette Moutiers polychrome.
499 Assiette Nevers.
500 Assiette Nevers.
501 Assiette porcelaine Sèvres.
502 Assiette Melionas creuses.
503 Assiette creuse faïence, fleur noire.
504 Assiette Moutiers jaune.
505 Assiette Nevers.
506 Assiette faïence Sarreguemines
507 Un grand bol Cie des Indes.
508 Un plat faïence de Longchamp, poisson.
509 Un plat faïence de Longchamp,
510 Assiette Delpht.
511   do
512 Plat long Nevers.
513 Assiette Nevers ancien.
514   do
515 Assiette creuse Strasbourg.
516 Plat à huit pans bleu Lyon.
517 Assiette chinois bleu.
518 Assiette faïence Milionas.
519 Jatte Moutiers.
520 Assiette porcelaine famille bleue.
521 Assiette chinoise, La Résurrection.
522 Assiette.
523 Plat porcelaine de Lockray.
524 Compotier Lockray ou plat porcelaine Lockray.
525 Plat Gambut. — Beaune.
526 Plat long chinois.
527 Assiette porcelaine Cie des Indes.
528 Assiette porcelaine dorée.
529 Plat rond.
530 Grand plat Nevers.
531 Compotier Lockray.
532 Plat Rouen, attributs chinois.

533 Plat Moustiers.
534 Assiette Moustiers Louis XVI.
535 Plat à barbe Rouen.
536 Assiette porcelaine Chine polychrome.
537 Plat Deflt polychrome et doré.
538 Assiette Chine.
539 Assiette porcelaine Chine polychrome dorée.
540 Assiette Chine.
541 Assiette de la Révolution, Strasbourg.
542 Assiette Rouen, personnages.
543 Plat creux Melionas, personnages.
544 Plat Rouen, attributs Marly, fleurs.
545 Dessous de plat anglais.
546   —
547 Assiette Moustier jaune, personnages.
548 Plat.
549 Assiette genre Sèvres.
550   —
551 Assiette Delft signée.
552   do
553 Assiette.
554 Plat personnages chinois signé.
555 Dessous de plat Moustiers.
556 Vase porcelaine chinoise.
557 Petite potiche.
558 Théière chinoise.
559 Gourde.
560 Eléphant Cie des Indes.
561 Sucrier à poudre Moustiers.
562 Panier à fleurs faïence dure.
563 Pot chinois.
564 Porte-bouquet Rouen.
565 Un pot Nevers.
566 Porte-bouquet faïence à fleurs Moustiers.
567 Bénitier grès flamand.
568 Pot de pharmacie faïence de Bollo.
569 Pot de pharmacie faïence de Bollo.
570 Chocolatière chinoise.
571 Cuvette porcelaine à la reine et pot à eau, monture cuivre doré.
572   do
573 Calice verre.
574 Huilier faïence Moustiers.
575 4 pièces veilleuse Nevers.

576 Gourde Nevers.
577 Vase Delft ancien.
578 Vase landais terre cuite, poly-
    chrome.
579 Huilier 3 pièces Rouen.
580 Soupière et son couvercle
    Strasbourg.
581 Soupière Wintherthür.
582 Grande soupière Rouen faïence
    (XVIIe).
583 Soupière Melionas.
584 Ecuelle et son couvercle Stras-
    bourg.
585 Salière faïence Urbino (XVIe),
    très belle.
586 Plat à épices anglais.
587 Sucrier à poudre Lockray et
    son couvercle.
588 Statuette Saxe femme.
589   —   homme.
590 Grès chinois, Assemblée de
    Savants.
591 Corbeille à fleurs, Environ de
    Paris.
592 Poussin, grès chinois poly-
    chrome émaillé.
593 Poussin, grès chinois poly-
    chrome émaillé.
594 Plateau faïence décorée.
595 Encrier Rouen.
596 Tasse Melionas.
597 Théière chinoise.
598 Vase chinois.
599   do
600 Statue Saxe.
601   do
602 Vase à fleurs porcelaine.
603 Petit vase chinois.
604 Salière marbre.
605 Cafetière Strasbourg.
606 Tasse et soucoupe Strasbourg
    ou chinois.
607 Cafetière Chine.
608 Deux vases Chine craquelé.
609 Marseille copie.
610   do
611 Assiette dessous de trembleuse
    Sèvres.
612 Pâte tendre de Sèvres.
613 Petit Chinois grès.
614 Tasse et soucoupe duc d'An-
    goulême.
615 Tasse et soucoupe duc d'An-
    goulême.

616 Tasse et soucoupe duc d'An-
    goulême.
617 Tasse et soucoupe duc d'An-
    goulême.
618 Pot au lait duc d'Angoulême.
619 Tasse et soucoupe Saxe.
620   —
621 Tasse et soucoupe Chine.
622 Tasse porcelaine Sèvres Révolution.
623   —
624   —
625   —
626   —
627   —
628   —
629 Soucoupe Chantilly.
630   —
631   —
632   —
633   —
634   —
635 Soucoupe et tasse Chantilly.
636 Dessous et cafetière Chantilly.
637 Tasse et soucoupe Autriche.
638 Pot à crème faïence.
639   —
640 Soucoupe et sa tasse chinoise.
641 Soucoupe et tasse Chine.
642   —
643 Tasse et soucoupe Chine.
644 Tasse et soucoupe Saxe.
645 Trembleuse Sèvres dessous
    et couvercle.
646 Soucoupe chinoise.
649   —
648 Saucière gras et maigre Rouen.
649 Moutardier Nevers.
650 Moutardier Midi.
651 Sabot Nevers.
652 Savonnier et son couvercle
    Nevers.
653 Moutardier Rouen.
654 Soucoupe chinoise.
655 Vase à crème Strasbourg.
656 Pot à crème faïence.
657   —
658 Soucoupe et tasse Chine.
659 Tasse Moustiers.
660 Tasse Nevers.
661 Tasse Chantilly.
662 Soucoupe chinoise bleu.
663   —
664 Pot terre chinois.
665   —

666 Bol et assiette chinois.
667 Couvercle Sèvres.
668 —
669 Vase Rouen.
670 Petite boîte émail.
671 Petite boîte émail Louis XV.
672 Petite boîte émail.
673 Boîte émail sur cuivre, tête d'homme et fleurs.
674 Livre chauffe-mains Moustiers.
675 Petite boîte émail livre.
676 Socle de porcelaine, pâte tendre Louis XVI.
677 Tête d'ange terre cuite polychrome (XVIᵉ).
678 Vase de pharmacie faïence, grand vase italien Gênes.
679 Grande plaque à sujet peint faïence allemande.
680 Une faïence tête d'ange et rinceaux.
681 Grande plaque faïence poêle.
682 Plaque allemande faïence sujet en bleu.
683 Plaque allemande faïence sujet en bleu.
684 Plaque faïence allemande sujet en bleu.
685 Plaque de faïence allemande peinte.
686 Plaque de faïence allemande peinte.
687 Plaque de faïence représentant un saint.
688 Terre cuite italienne polychrome, guerrier (XVIᵉ).
689 Plaque de bénitier, L'Adoration des Bergers, Palissy (XVIᵉ).
690 Petit bénitier, faïence Nevers.
691 Plaque faïence allemande.
692 —

693 Plaque faïence allemande.
694 —
695 —
696 —
697 Numéro de rue terre cuite émaillée.
698 Terre cuite rosaire, Espagnol à reflets (XVIᵉ).
699 Terre cuite, armoiries d'Anne de Bretagne.
700 Bénitier faïence italienne (XVIᵉ).
701 Plaque faïence allemande, sujet allégorique, bleue.
702 Plaque faïence allemande, sujet allégorique, bleue.
703 Plaque faïence allemande, sujet allégorique, verte.
704 Plaque faïence allemande, sujet allégorique, verte.
705 Terre cuite peinte, Le Christ en croix et Saints (XVIIᵉ).
706 Petit médaillon, Personnage fumant la pipe, terre cuite.
707 Cruche terre, armoiries Avignon (XVIIIᵉ).
708 Coupe polychrome (XIXᵉ).
709 Vase.
710 Petite terre cuite, La Fuite en Egypte et différents sujets.
711 Brûle-parfum Saxe.
712 —
713 Terre cuite du XVIIIᵉ, La France.
714 Terre cuite, un Faune, faïence Strasbourg.
715 Un plat couvert, faïence du XVIIIᵉ.
716 Femme chinoise, porcelaine blanche.
717 Terre cuite, sainte Anne et la Vierge (XVIIIᵉ).

Vieux Étains & Vieux Cuivres.

718 Un grand plat étain.
719 d°
720 Plaque étain, sujets.
721 Plat cuivre inscription allemande.
722 Plat cuivre à fleurs, gothique.
723 Petit plat cuivre, fruits.

724 Plat cuivre avec inscription, allemand.
725 Plat cuivre.
726 Plat vénitien argent du XVIIIᵉ.
727 Grand plat, Benvenuto-Cellini (école de), doré.

Tapisseries & Dentelles.

728 Une garniture d'aube point de France et guipure flamande.
729 Napperon guipure Flandres.
730 2m,20 broderie sur filet écru.
731 Un sac guipure.   ·
732 Deux manches Valenciennes.
733   —
734 1m,35 guipure Flandre.
735 2m,42 dentelle de Flandre.
736 3m guipure Flandre.
737 3m,25 Flandre.
738 1m,96 guipure Flandre.
739 2m,10 Valenciennes.
740 0m,53 dentelle Bruxelles.
741 1m Valenciennes.
742 0m,35 dentelle Binches.
743 2m,57 dentelle Alençon.
744 0m,45 dentelle Binches.
745 2m,14   —
746 0m,50 dentelle Binches (très beau).
747 3m,47 Valenciennes.
748 0m,30 anciennes.
749 1m,16 dentelles.
750 Broderies sur fil tiré.
751 Col de Bruxelles.
752 1m,39 dentelle Renaissance.
753 1m,08   —   Binches.
754 2m,35   —   vieille Valenciennes.
755 0m,90 dentelle Bruxelles.
756 2m,15   —   de Flandre.
757 1m,10   —   de Venise.
758 1m,60   —   Valenciennes.
759 2m,83   —   Binches.

760 2m,10   —   Valenciennes.
761 0m,71   —   Binches.
762 2m,40 tulle brodé.
763 3m,45 guipure Flandre.
764 3m,85   —
765 0m,87 dentelle Valenciennes.
766 2m,63 guipure Flandre.
767 Une garniture Angleterre.
768 2m,05 Valenciennes.
769 1m,23 garniture Binches.
770 0m,70 Binches.
771 0m,67 dentelle Binches.
772 1m,60   —
773 1m,60 dentelle Valenciennes.
774 1m,63   —   flamande.
775 1m,62   —   Valenciennes.
776 1m,57   —   Binches.
777 0m,95   —   Malines.
778 1m,85   —   Valenciennes.
779 1m,95   —   —
780 0m,53   —   Malines.
781 Guipure.
782 Personnage de crèche, femme.
783   —   homme.
784   —   femme.
785   —   homme.
786   —   homme.
787 Poupée habillée, de crèche.
788   --
789   —
790   —
791   —
792 Angelot de crèche Italie (xviiie).
793 Grande poupée de crèche.

Coffrets anciens & Divers.

794 Main reliquaire (xve).
795 Main reliquaire bois sculpté (xve), peint doré.
796 Main reliquaire (xvie).
797 Pied candélabre en terre, dessin ancien.
798 Petit reliquaire en chapelle, étain (xviiie).
799 Reliquaire gothique argent.
800 Petites boîtes carton Louis XV.
801 Boîte paille couleur.
802 Coffret cuir gauffré cerclé à la marguerite.

803 Boîte cuivre argenté Louis XVI moderne.
804 Coffre en bois dur, gothique Arles.
805 Boîte jeu (xviie).
806 Coffret renaissance cuir ciselé et cuivre (xvie).
807 Boîte gravée fer de Nuremberg (xvie).
808 Coffre fer Nuremberg, personnages peints (xve).
809 Boîte en cuir, peinte (porte-pendule Henri II).

810 Boîte ronde en cuivre gauffrée et dorée.
811 Coffre pâte d'Italie argenté et doré.
812 Boîte en os et ébène (xve).
813 Coffre cuir frappé doré (xviie)
814 Boîte à bijoux cartonnage Empire.
815 Boîte de paille couleurs diverses.
816 Vieux coffret cuir.
817 Boîte bois sculpté.
818 Petit coffre bois incrusté (xvie).
819 Petit coffre en cuir de couleur et frappé (xvie).
820 Coffre Louis XIII, cuir.
821 Boîte sculptée 1625.
822 Lanterne en buis.
823 Bougette de camp Louis IX, avec marqueterie couleur.
824 Boîte à corporaux, velours brodé émail, tête de Christ (xvie).
825 Coffre à tiroirs turc ancien.
826 Coffre bois peint à personnages Louis XV.
827 Coffre suisse peint et ferré.
828 Coffre Henri II émaux.
829 Boîte en pâte d'Italie dorée, sujets xvie.
830 Boîte peinte, vieux galons.
831 Malle gothique avec sa ferrure.
832 Grande malle cuir et ferrures.

Statues, Statuettes & Sculptures diverses.

833 Statuette bois et étoffe peinte, femme (xviiie).
834 Statuette bois, homme habillé couleur (xviiie).
835 Ange bois sculpté et doré jouant de la cithare (xvie).
836 Quatre Saisons (xviiie).
837 Vierge et Enfant, doré bois (xviie).
838 Enfant Jésus debout, bois polychrome.
839 Mendiant, bois, italien (xvie).
840 — —
841 Bouddha chinois laqué.
842 Egyptien porteur d'eau.
843 Petite statuette évêque (xvi).
844 Enfant Jésus portant sa croix, bois polychrome (xviie).
845 Statuette cuivre, Chinois assis, socle marbre (xviie).
846 Petit Bouddha.
847 Vierge Enfant et support.
848 Statuette homme, peinte.
849 Statuette Vierge buis Louis XVI.
850 Prêtre en buis, statuette (xv).
851 Un petit chien sur marbre.
852 Vierge bronze, socle bois sculpté.
853 Deux cires maquettes statue (xvie).
854 Vierge en porphyre (xvie) et son socle.
855 Statuette mage peint et doré (xviie).
856 Christ à la colonne, bronze doré, Benvenuto Cellini, colonne marbre vert (xvie).
857 Les Saisons : L'Hiver, cuivre sur marbre (xviiie).
858 L'Eté. do
859 L'Automne. do
860 Le Printemps. do
861 Statuette chinoise en buis, ancienne.
862 Buste de femme bronze (xvie).
863 Statuette mage bois peint (xvie).
864 *Ecce homo*, bois polychrome (xviie).
865 Statuette, un fou, cloche.
866 Cloche bronze, une Femme, émail (xviie).
867 Cloche bronze, Magicien, émail (xviie).
868 Statuette, une Princesse, cloche.
869 Piéta, bois peint (xve).
870 Terre cuite, Moine en prière.
871 Buste en buis (xviiie).
872 Buste en buis, homme do
873 — — do
874 — femme do
875 Statuette bronze, Jeune Fille Louis XV.
876 Statuette bronze, Jeune Berger (xviiie).
877 Bronze, un cheval presse-papier.
878 Vierge en marbre du xvie s.
879 Statue.

880 Vierge terre cuite, polychrome (xvie).
881 Statuette marbre blanc (xvie), saint.
882 Statuette marbre blanc (xvie), saint.
883 Statuette marbre blanc (xvie), la Vierge.
884 Statue, Pèlerin bois.
885 Sainte Claire (xvie).
886 Vierge et l'Enfant, bois du viiie s.
887 Sainte Madeleine, bois sculpté.
888 Statue en bois d'un évêque (xvie)
889 Saint Jean-Baptiste, bois (xve).
890 Statue Evêque, bois (xvie).
891 Saint Antoine, pierre (xvie).
892 Statue Pape Urbain IV (xve).
893 Statue.
894 Statue.
895 Vierge des Sept-Douleurs (xve).
896 Vierge en bois, blanchie (xvie).
897 Statue Vierge.
898 Grande Vierge et Enfant de l'Eglise de Vassel (Auvergne) (xiiie).
899 Grande statue en terre cuite polychrome, Saint Antoine de Padoue (xviiie).
900 Statue bois polychrome de Saint Isidore d'Espagne (xvie).
901 Vierge et Enfant du xvie s.
902 Saint Roch, bois.
903 La Vierge et l'Enfant, bois sculpté et doré polychrome, Bertin (xviie).
904 Groupe bois sculpté et peint, la Circoncision (xvie), 8 personnages.
905 Statue de Sainte Marthe, pierre (xvie).
906 Groupe bois sculpté, la Présentation (xve), gothique.
907 Enfant emmaillotté, terre cuite peinte, Bigarelli de Modène.
908 Sainte décapitée.
909 Tête enfant bois sculpté.
910 Vierge en pierre.
911 Sainte Catherine, pierre sculptée (xvie).
912 Statuette B., sculptée et polychrome (xvie), Saint Jean.
913 Statue. (?)

914 Terre cuite peinte, Vierge et Enfant (xvie).
915 Vierge bois sculpté.
916 d°
917 Saint Joseph et l'Enfant (xviiie).
918 Tête en bois sculptée et peinte, Alonzo Cano (xvie).
919 Tête de Christ terre cuite, Bigarelli de Modène (xve).
920 Terre cuite tête de femme, Mathurin Moreau (xviiie).
921 Tabernacle bois peint (xviie).
922 Support à 4 colonnes bois.
923 Croix processionnelle cuivre, le Christ en argent (xvie).
924 Croix processionnelle avec émaux (xvie).
925 Croix et Christ en fer forgé.
926 Croix processionnelle en argent, sujets religieux (xvie).
927 Retable, la Vierge, l'Enfant, 2 Anges, italien (xvie), polychrome.
928 Cheval marbre Louis XIV.
929 d°
930 Albâtre gothique du xive, Crucifixion.
931 Le Martyr de saint Jean Porte-Latine (xvii), grand panneau bois, peint en 2 parties.
932 Terre cuite, Retour de Chasse (xve), polychrome.
933 Terre cuite, Adoration des Bergers.
934 Encensoir.
935 Colonne bois.
936 Tryptique. (?)
937 La Vierge et l'Enfant sur un trône avec 4 saints, cuivre doré, cadre peint (xve).
928 Support colonne H (iie), chapiteau sculpté.
939 Porte Louis XII bois sculpté avec son chambranle.
940 Porte Renaissance Hugues Sambin, marteau, fer ancien.
941 Dessus de porte bois sculpté Louis XVI.
942 Récipient bois avec inscription 1826.
943 Porte-linge gothique.
944 Tête de femme bronze florentin (xvie).

945 Tête d'homme bronze florentin (xvie).
946 Support sculpté.
947 Têtes d'anges bronze époque Louis XIV.
948 Inscription sur bois sculpté.
949 Tête bois sculpté dessus de glace.
950 Grand panneau bois Louis XV.
951 Panneau sur bois, sculpture du xvie, 2 griffons.
952 Râpe à fromage bois, gothique.
953 Guirlande bois sculpté.
954   do
955 Tête de fontaine, bois (xviie).
956 Nœud bois sculpté (xviiie).
957 Bois sculpté, la Vierge et l'Enfant dans une ogive (xive).
958 Chapiteau Renaissance, bois.
959 Bois doré (xviiie).
960 Bandeau bois sculpté.
961 Panneau bois sculpté, Auvergne (xve).
962 Panneau chinois.
963 Petit panneau sculpté (xvie), Renaissance.
964 Petit panneau Henri II, bois.
965 Panneau bois sculpté Louis XV.
966 Tête, bois (xve).
967 Bois, support, homme gothique.
968 Support bois sculpté.
969 Panneau gothique.
970   do
971 Guirlande bois sculpté.
972 Fronton bois sculpté.
973 Morceau de bois sculpté.
974 Feuille achante bois sculpté.
975 Petit panneau.
976 Applique bois sculpté.
977   do
978 Cariatide bois sculpté.
979 Fronton, bois sculpté Louis XVI
980 *Ecce homo*, bois (xvie) dans le panneau.
981 Panneau bois gothique (xve).
982 Panneau avec armoiries (xve).

983 Chapiteau bois sculpté.
984 Terre cuite tête de vieillard (xve).
985 Débris de bois.
986 Panneau bois Louis XV, porte.
987 Support tête bois.
988 Bois sculpté, aigle dans un demi-cercle.
989 Grand panneau bois sculpté Louis XII.
990 Bois sculpté, scène de la Passion.
991 Panneau portes
992 Cheminée Henri II.
993 Croix bois noir avec Christ argent et armoiries (xviie).
994 Petit flambeau bois argenté.
995   do
996 Saint-Ciboire cuivre.
997 Croix en bois sculpté personnages, reliquaire (xvie), socle ébène.
998 Croix Renaissance fer doré (xvie).
999 Pied de calice émaux doré, Espagnol (xvie).
1000 Pied de calice émaux doré, Espagnol (xvie).
1001 Flambeau bois sculpté (xviie).
1002   do
1003   do
1004   do
1005 Pied de flambeau gothique à personnages et doré.
1006   do
1007 Ostensoir Louis XIV.
1008 Tourne-broche en fer avec ses poids, 2 broches.
1009 Morceau de mosaïque.
1010 4 pavés du xve.
1011 2 pavés du xve.
1012 4 pavés gothiques.
1013 4 pavés terre cuite (xve).
1014 Pavé de la cathédrale de Brioude (xiiie).

Chandeliers, Lustres & Candélabres.

1015 2 bouts de table Louis XV, argenté, 2 lumières.
1016 2 flambeaux Louis XVI.
1017 2 flambeaux repoussés et argentés (xviie).
1018 2 bougeoirs Louis XV, anciens cuivre.
1019 2 chandeliers cuivre.
1020 Candélabres Louis XV.
1021 Un flambeau.
1022   do
1023 Chandelier Louis XVI.
1024 2 petits flambeaux bois laqué.
1025 2 flambeaux Louis XVI.
1026 2 bougeoirs bronze Louis XV à 2 bougies.
1027 2 flambeaux Louis XVI cuivre.
1028 Lustre cuivre à poser sur table.
1029 Flambeau gothique à deux branches fer forgé.
1030 Lampe juive en cuivre.
1031 Trépied en fer.
1032 Trépied en fer et bassin cuivre (xvie).
1033 Epi de bâtiment fer (xvie).
1034 Fer à hosties.
1035 Fer à gauffres.
1036   —
1037 Dessus d'encensoir gothique (xxe).
1038 Encensoir bizantin, traces de dorure (xviie).
1039 Dessus d'encensoir (xvie), bronze.
1040 Cinq oiseaux dorés (xvi), nid.
1041 Pelle ancienne.
1042   —
1043 Foyère, deux lions accroupis.
1044 Chenets Louis XV cuivre.
1045 Chenets fer sculpté gothique.
1046 Chenets fer forgé et boules cuivre (xvie).
1047 Chenets Louis XVI cuivre et fer.
1048 Chenets Louis XV, enfants.

Meubles anciens, Sièges, Fauteuils, Glaces

Pendules

1049 Glace et trumeau Louis XV B. S. doré, sujet Vatteau.
1050 Grande glace régence B. D. S.
1051 Glace biseautée C. B. ancien (xviie).
1052 Glace Louis XIV fronton C. B. D. S.
1053 Glace entre-deux Louis XVI.
1054 2 chaises Louis XVI.
1055   do
1056 Fauteuil Louis XVI.
1057   do
1058 Chaise Louis XVI sans dos.
1059 Fauteuil paillé.
1060 Fauteuil Louis XIV canné.
1061 Chaise cuir de Cordoue bois Louis XIII.
1062 Chaises longues Louis XVI, du château de Saint-Point.
1063 Fauteuil Louis XVI couvert bleu.
1064 Fauteuil Louis XVI couvert bleu.
1065 Fauteuil bois sculpté.
1066   —
1067   —
1068   —
1069   —
1070   —
1071 Fauteuil Louis XV coin de feu.
1072 Chaise Louis XV.
1073   —
1074   —
1075   —
1076   —
1077 Siège pliant bois sculpté.
1978 Tabouret turc avec ivoire.
1079 Chaise Henri II.
1080   do
1081 Fauteuil bois tourné Henri II.
1082   —
1083   —
1084   —
1085 Chaise à dos élevé Louis XIII.
1086 Grand fauteuil Henri II.

1087 Chaise ancienne bois (xviiᵉ).
1088   —
1089   —
1090   —
1091 Banquette, pieds sculptés, velours (xviiᵉ).
1092 Banquette, pieds sculptés, velours (xviiᵉ).
1093 Chaises de salle à manger.
1094   —
1095   —
1096   —
1097   —
1098   —
1099   —
1100   —
1101   —
1102   —
1103 Grand buffet suisse Renaissance.
1104 Table Henri II à pieds très sculptés.
1105 Meuble crédence Henri II.
1106 Meubles bibliothèques.
1107 Vitrine et pieds.
1108 Consoles 4 pieds, marbre, Louis XIV, B. S. D.
1109 Console Louis XV, marbre B. D. S.
1110 Vitrines.
1111 Tables.
1112 Meuble Louis XVI, Exposition de 1854.
1113 Table de milieu marqueterie marbre.
1114 Tables à pieds tournés (xviiᵉ).
1115 Commode génoise, 3 tiroirs, 2 cariatides (xviiᵉ).
1116 Meuble à deux corps Auvergne (xvi).
1117 Meuble crédence Henri II.
1118 Grand meuble bois à tiroir sur pieds Louis XIII.
1119 Meuble Henri II, style Jean Goujon.
1120 Belle commode marbre Louis XVI.
1121 Petit meuble bois à 2 corps.
1122 Crédence italienne bois noirci et tiroir avec cuivre, statuette, table dessous la crédence.
1123 Table brasero espagnol.

1124 Chaise à porteur peinte Louis XIV.
1125 Grand coffre de mariage Haute-Italie fer et velours doré.
1126 Déesse indienne Scri, bronze du xvi siècle et son support bois tourné.
1127 Support à quatre colonnes.
1128 Guéridon double torse (xvii).
1129 Petit guéridon tourné.
1130 Guéridon bois tourné.
1131 Guéridon Louis XIII bois tourné.
1132 Guéridon bois tourné laqué.
1133 Porte-Coran en écaille.
1134 Table à jouer Louis XV, à coins arrondis.
1135 Console B. D. à un pied, marbre Louis XV.
1136 Soufflet sculpté.
1137 Petite table en bois noir à 6 pieds (xxiᵉ).
1138 Table de nuit Louis XVI.
1139 Meuble support Renaissance.
1140 Meuble-toilette Henri II, bois sculpté.
1141 Grand pupitre.
1142 Petit pupitre.
1143 Pupitre pliant.
1144 Petite vitrine sr pied Louis XV, bois.
1145 Grande vitrine à deux portes, trois vitrines.
1146 Vitrine Louis XV.
1147 Petite crédence, tête d'ange, support sculpté (xviᵉ).
1148 Grande armoire sculptée Louis XVI.
1149 Petit meuble, coffret de mariage.
1150 Armoire sculptée, ferrure cuivre, Flandre (xviiiᵉ).
1151 Petit meuble sculpté.
1152 Chaise seigneuriale, bois (xvi).
1153 Ciel de lit avec imberline Louis XVI.
1154 Deux bandeaux de fenêtre Louis XVI, avec rideaux en imberline.
1155 Lit Renaissance incrusté, pâte bois (xviᵉ).
1157 Table Louis XVI, jeu de jacquet.

1158 Volet de Jacquet, ivoire gravé écaille (XVIe) et marbre.
1159 Table à jeu.
1160 Bronze, l'Egyptienne, argenté et doré ; Cordier, son piédestal bois.
1161 2 appliques bois doré (XIVe), ciseaux.
1162 Crosse d'évèque de Saragosse, argent doré fin (XVIe) et son socle.
1163 Applique à deux lumières Louis XV.
1164 2 appliques à 2 lumières C. D. Louis XIV.
1165 2 appliques cuivre doré, tête d'amour (XVIIe).
1166 2 supports bois doré sculpté (XVIIe).
1167 Christ soutenu par un ange, bois peint (XVe).
1168 Rétable bois dorée.
1169 Vierge Louis XIII, dorée.
1170 Petite vierge carton et son cadre (XVIIe).
1171 Panneau bois noyer, Adoration des Bergers, Louis XIII.
1172 2 appliques à une lumière bois doré.
1173 Statuette modèle, Minerve, Louis XIV.
1174 Statuettes bronze doré (XVIIe).
1175 2 supports bois doré.

1176 Baiser de paix bronze doré Henri II.
1177 Deux flambeaux Louis XVI marbre et bronze à chacun 3 lumières.
1178 Petit porte-montre Louis XV doré et la monture.
1179 Pendule de voyage italienne avec socle et cuivre, 2 lions bronze doré (XVIIe).
1180 Boîte de pendule et son socle.
1181 Pendule empire, l'Enfant à la Lanterne.
1182 Petit cartel Louis XV bronze.
1183 Petite pendule du XVIe, allemand.
1184 Bronze représentant un Napolitain, marbre, Duret.
1185 Bronze représentant un Napolitain, marbre, Duret.
1186 Pendule empire.
1187 Pendule (XVIe), cuivre.
1188 Vase de cuivre Louis XIII.
1189   —
1190 Pendule écaille et cuivre Louis XV et son support.
1191 Grande pendule Louis XIV avec son support.
1192 Horloge à poids, bourguignonne (XVIIe).
1193 6 embrasses cuivre doré.
1194 2 appliques à six bougies cuivre.

Gravures, Missels, Manuscrits, Enluminures.

1195 Gravures peintes, la Suisse.
1196 Histoire universelle, 1532, rois gravés et peints.
1197 Petit Missel enluminé, 32 miniatures, complet (XVIe).
1198 Livre d'Heures de madame la Dauphine, gravé C., reliure maroquin.
1199 Vieux Missel avec lettre gothique (XIV).
1200 Vie des Saints illustrée, 2 volumes, couverture parchemin.
1201 *Pratica Singularis*, 1525 (livre).
1202 *Biblia Sacra*, 1520, relié.
1203 Heures imprimées, grandes gravures, lettres peintes (XVIe)

1204 La Bible, avec figures, 1687.
1205 Aulugel, 1530.
1206 Les Tournois, gravures peintes (XVIe).
1207 Parchemin, musique ancienne.
1208 Valère Maxime, 1487.
1209 La Messe, illustrée, 1620.
1210 Manuel de l'Arc, 1781. Chalon-sur-Saône.
1211 Le Sacrifice de la Croix, images.
1212 Miroir de l'âme.
1213 Album peintures chinoises, très nombreuses.
1214 Grand dessin chinois (8 mètres)
1215 Peinture, Descente de Croix sur parchemin.

1216 Grande miniature sur parchemin, 2 faces, espagnol (xviiͤ).
1217 d⁰
1218 Grande reliure parchemin,
1565.
1219 Couverture parchemin.
1220 Reliure (xviiͤ), cuir gaufré et
doré.
1221 Deux reliures Renaissance.

Vieux Étains & Vieux Cuivres.

1222 Vase cuivre argenté (xviiͤ).
1223 —
1224 Bassinoire cuivre (xviiiͤ).
1225 Casserole à queue, bronze.
1226 Mortier bronze (xviͤ).
1227 Mortier avec son pilon (xviͤ).
1228 —
1229 Mortier (xvͤ) et son pilon.
1230 —
1231 Grand pot cuivre (xviiͤ).
1232 Bénitier bronze gothique.
1233 Moulin à poivre (xviiͤ), bois.
1234 Coupe en fer, sujet ciselé
(xviͤ).
1235 Sceau d'église gothique (xviͤ),
bronze.
1236 Vide-poche indien.
1237 Mortier bronze du xvͤ s.
1238 Poids en cuivre, surmonté de
chevaux (xviͤ).
1239 Navettes cuivre.
1240 Petit fourneau cuivre à manche.
1241 Dessous de fer à repasser.
1242 Chaufferette cuivre gravée
(xviiiͤ).
1243 Chaufferette cuivre (xviiiͤ).
1244 Chaufferette cuivre.
1245 Chaufferette Louis XIV.

1246 2 burettes cuivre.
1247 Vase cuivre jaune.
1248 Bouilloire arabe.
1249 Boîte en cuivre argenté, bougeoirs.
1250 Pot grès ancien couvercle
étain.
1251 Cafetière étain et son plat.
1252 Grand broc étain (xviiiͤ) et
son plat.
1253 Chocolatière étain et son plat
(xviiiͤ).
1254 Cafetière étain.
1255 Cruche étain.
1256 Bol Empire, argent.
1257 Bénitier étain (xviiͤ).
1258 Bénitier étain.
1259 Flambeau étain.
1260 Petite salière étain.
1261 —
1262 2 burettes et plateau étain.
1263 Écuelle étain (xviiͤ).
1264 Vierge étain.
1265 Pot étain.
1266 Pot étain gravé.
1267 Moutardier Louis XV, argent.
1268 Gobelet de chasse coco monté
argent (xviiͤ).

Divers.

1269 Encrier albâtre, Adoration
des Mages et Histoire de la
Vierge, en bas-relief (xviͤ).
1270 La Crèche, terre cuite italienne (xviiiͤ), polychrome.
1271 Buste de Louis XVII, terre
cuite, reproduction.
1272 Statuette bois polychrome,
Prince à genoux (xviͤ).
1273 Saint Michel, copie retable du
Musée de Dijon, polychrome.
1274 Saint Michel, bois peint et
doré, Louis XIV.
1275 Déesse chinoise, bronze ciselé
(xviiͤ).
1276 Cabinet italien à tiroir, mar-
bres divers et dorures (xviͤ).
1277 Support Louis XV, marbre et
bronze.
1278 Porte-flambeau persan, cuivre
1279 —
1280 Anges adorateurs, bois doré.
1281 Sablier cuivre (xviiͤ).

1282 Bronze chinois, grand vase Dragon et Aigle.
1283 Vierge en cire (xviie), avec support et globe.
1284 Petite boîte vide-poche, cuivre doré émaillé.
1285 Statue en pierre de Saint Michel, dorée polychrome, avec gemmes (xviie).
1286 Petit rouet ancien.
1287 Petit rouet.
1288 Dévidoir bois et ivoire.
1289 Devant de coffre Henri II cuir et clous de cuivre.
1290 Devant de coffre Louis XIV cuir et clous.
1291 Grand devant de coffre cuir et clous argentés (xviie).
1292 Devant de coffre Henri II cuir et clous de cuivre.
1293 Devant de coffre Henri II cuir et clous de cuivre.
1294 Devant de coffre Henri II cuir et clous de cuivre.
1295 Boîte sculptée gothique.
1296 Boîte en buis, intérieur écaille, peinture paysage.
1297 Boîte, Napoléon sur son lit de mort à Sainte-Hélène, vernis Martin.
1298 Boîte émaillée bleu, r et paysage (xviiie).
1299 Boîte écaille Louis XIV, motif argent.
1300 Monture.
1301 Dessus de boîte acier ciselé et doré, chasse Louis XV.
1302 Tabatière argent niellé.
1303 Boîte à double fond avec personnage Louis XV.
1304 Portrait cire, Henri II, dans boîte cuivre repoussé.
1305 Tabatière écaille, or et argent.
1306 Boîte soulier tabatière.
1307 Boîte ivoire doublée écaille, fixé strass.
1308 Boîte bois noir incrusté or, portrait de Louis XVIII.
1309 Boîte ivoire doublée écaille, portrait d'homme.
1310 Petite boîte ivoire, doublée écaille, pot de fleurs Louis XVI,
1311 Petite boîte paille, pot de fleurs Louis XVI.

1312 Tabatière en coco sculpté.
1313 Vierge et l'Enfant, émail espagnol (xviie).
1314 Dessus de boîte écaille, dessin boule et argent.
1315 Rouleau bois à imprimer, pâte (xvie).
1316 Boîte filigrane et émail.
1317 Boîte argent et or Louis XVI.
1318 Motif fer forgé.
1319 Râpe à tabac du xvie, complète.
1320 Éventail en écaille (son étui) (xviiie).
1321 Bouton chinois en bois.
1322 do
1323 Montre cuivre.
1324 Reliquaire ébène 8 cases sous verre (xviiie).
1325 Médaillon argent, Le Christ et saint Louis.
1326 Agrafe en fer.
1327 Cadre filigrane en argent.
1328 Décoration du lys, strass sur argent Louis XVIII.
1329 Reliquaire monté argent deux saints, Espagne.
1330 Coquille montée argent Renaissance.
1331 Hochet en argent Louis XVI.
1332 Étui argent et sa chaîne, oriental.
1333 Petit support doré chinois.
1334 Petite cuiller gravée (xvie).
1335 Châtelaine dorée, émaux Louis XVI.
1336 Petit flacon à odeur.
1337 Lorgnon empire argent doré.
1338 Croix pélican argent et strass rubis, insigne.
1339 Plaque égyptienne émaux.
1340 Montre cadran solaire en cuivre (xvie).
1341 Jeu de piquet du xviiie, M. de Berbisey, et sa couverture.
1342 Un collier verroterie gauloise.
1343 Grains blancs et bleus, émaux (xvie).
1344 Jeu de bâtons chinois.
1345 Tâte-vin argent (xviie), monnaie pontificale au fond, très rare.
1346 Montre oignon de Nuremberg.
1347 Coquille nacre.

1348 Bracelet bronze gaulois.
1349 Breloque argent.
1350 Petit bracelet, bronze romain.
1351 Petit collier ambre et autres.
1352 Griffes de tigre montées en broche argent doré, oriental.
1353 Couvercle émail de Versailles, amour (vert).
1354 Bronze médaillon, duc de Bordeaux.
1355 Châtelaine dorée empire.
1356 Monture acier.
1357 Agrafe Louis XV, argent.
1358 Cœur argent monté strass.
1359 Petite tasse à fleurs en relief cuivre doré.
1360 Petite tasse chinoise dorée.
1361 Portrait Louis XVI, plâtre, signé.
1362 Marie-Louise, plâtre.
1363 Plaque chasse, cuivre.
1364 Sous verre, sujet galant peint, Louis XVI.
1365 Sous verre, sujet galant peint, Louis XVI.
1366 Sous verre, sujet galant peint, Louis XVI.
1367 Sous verre, sujet galant peint, Louis XVI.
1368 Fermoir, bois sculpté doré, peint (XVe).
1369 Bouton doré, armoiries.
1370 Médaille sapeur-pompier.
1371 Bouton avec armoiries doré.
1372 Tête en marbre romaine.
1373 Plaque écaille sculpté, le Christ.
1374
1375 Petit flacon, monture étain.
1376 Motif Louis XVI, agrafe ceinture, avec strass montée argent.
1377 Crochet, argent et strass, Louis XVI.
1378 Deux boucles d'oreille en jasseron.
1379 Bouton, strass et argent, Louis XVI.
1380 Agrafe argent strass.
1381 Agrafe strass.
1382   dº
1383 Petit camée coco, un Guerrier.
1384 Tête romaine terre.
1385 Tête romaine, terre.

1386 Cœur émail espagnol, sainte Catherine (xviie).
1387 Cœur émail, saint Sébastien, espagnol (xviie).
1388 Petit camée romain.
1389 Petit camée, tête de femme.
1390 Catherine II, dessus de boîte en pâte fine, cadre.
1391 Médaille argent doré.
1392 Ivoire, médaille mariage (xviiie).
1393 Bouton avec armoiries, argenté.
1394 Plaque de cuivre.
1395 Dessus de boîte ivoire, portrait de femme, Louis XVI.
1396 Petit médaillon, vierge et enfant, vieille gravure (xvie).
1397 Médaille argent (xviiie).
1398 Deux crochets bronze.
1399 Perchoir bronze romain, Pompéï, très fin.
1400 Cadre Louis XV doré.
1401 Cadre Louis XVI doré.
1402 Croix avec strass en argent doré, pélican, insigne.
1403 Boucle argent (xviiie).
1404 Petit fuseau, bois tourné (XVIIe).
1405 Petite broche miniature Louis XVI, cadre strass.
1406 Scarabée égyptienne marbre.
1407   dº
1408 Portrait sur argent, femme et attribut.
1409 Astrolabe cuivre (xvie).
1410 17 plaques cuivre, Vie de saint Benoît.
1411 Montre en cuivre à cadran solaire (xvie).
1412 Cadre doré Louis XVI.
1413 Plateau chinois laqué.
1414 Tryptique cuivre (russe).
1415 Châtelaine argentée et dorée (xviiie).
1416 Cuiller à sucre.
1417 Aiguille : sacrifice d'Abraham (Bugard) (xviie).
1418 Petite Statuette.
1419 Boucle bronze doré.
1420 Plaque pour bouteilles vin, Nuits (émail).
1421 Plaque pour bouteilles vin, Beaune (émail).

1422 Plaque pour bouteilles vin, Volnay (émail).
1423 Plaque pour bouteilles vin, Pommard (émail).
1424 Plaque pour bouteilles vin, Mulseau (émail).
1425 Plaque pour bouteilles vin, Champagne (émail).
1426 Plaque pour bouteilles vin, Canaries (émail).
1427 Plaque pour bouteilles vin, Chêres (émail).
1428 Plaque pour bouteilles vin, Malvoisie (émail).
1429 Clef et sa serrure, travail d'art (xvie).
1430 Clef en fer forgé, Neptune, ouvrage italien (xvie).
1431 Cadenas.
1432 Clef.
1433 Clef.
1434 Clef.
1435
1436 Clef à 2 griffons Renaissance.

1437 Ciseaux montés argent ancien (xvie).
1438 Dessus de boîte en écaille, nacre et ciselure, cuivre doré Louis XV.
1439 Statue gallo-romaine et son bras (trouvée en Saône). — Mercure.
1440 Christ bysantin doré, sans tête.
1441 Christ en jupon, bronze du xiiie.
1442 Crosse cuivre jadis émaillée (xve).
1443 Statuette bronze, empereur Adrien (xvie).
1444 Grand christ du xiie, s. bronze.
1445 Petit saint, bois.
1446 Christ en bronze ciselé du xviie.
1447 Vierge bronze doré (xve).
1448 Tête de Christ cuivre doré.
1449 Deux anges porte-flambeaux cuivre (xvie).

Bronze et Argent.

1450 Vierge de croix processionnelle cuivre doré (xve).
1451 Christ sur croix cuivre du xviiie.
1452 Statuette bronze.
1453 Vierge de croix processionnelle cuivre (xve).
1454 Pommeau de hallebarde fer ciselé (xve).
1455 Christ cuivre du xviiie.
1456 La tête et les bras d'un Christ du xive.
1457 Statuette bronze doré et argenté, homme (xvie).
1458 Statuette bronze doré et argenté, homme (xvie).
1459 Statuette bronze doré et argenté, femme (xvie).
1460 Statuette bronze doré et argenté, femme (xvie).
1461 Croix Louis XV bronze doré.
1462 Croix et Christ cuivre.
1363 Petite statuette bronze (Napoléon.)
1464 Tryptique russe bronze (xviiie).

1465 Petit volet tryptique bronze, traces d'émaux. Russe (xviiie).
1466 Plaque bronze, la Vierge et 2 saints (xvie).
1467 Moule cuivre Christ.
1468 Moule cuivre Vierge.
1469 Moule cuivre Vierge et Enfant.
1470 Petit rabot cuivre Louis XIII.
1471 Bracelet fer incrusté argent et or (xviie).
1472 Pince cuivre, turc.
1473 Cure-pipe.
1474 Couteau pliant Henri II.
1475 Casse-noisettes.
1476 Fourchette à 2 dents Henri II.
1477   do
1478 Fourchette montée argent, pliante.
1479 Etui cuivre, tête de femme gravée.
1480 Statuette bronze ou cuivre.
1481 Roulette pâtissier.
1482 Statuette bronze sur pied.
1483 Petit bronze, enfant sur un chien.

1484 Bronze doré représentant un homme.
1485 Petit bronze enfant Louis XV.
1486 Petit bronze, musicien Louis XV.
1487 Statue saint Nicolas, cuivre.
1488 Emporte-pièce pour hostie.
1489 Filière.
1490 Quatre plaquettes cuivre.
1491 Dé à jouer en zinc (XVIᵉ).
1492 Boîte à balance.
1493 Ex-voto italien, terre cuite peinte (XVIᵉ).
1494 Brosse ronde avec cuir gravé.
1495 Boîte à poids.
1496 Cilice fer cadenas (XVIᵉ).
1497 Petit tryptique ébène et argent.
1498 Fer à repasser Louis XVI.
1499 Sceau de cire Louis XII.
1500 Cachet buis, armoiries.
1501 Cachet fleurs de lys.
1502 Cachet armoiries.
1503 do
1504 Cachet cuivre, armoiries.
1505 do
1506 Cachet cornaline, gravé, tète d'homme.
1507 Cachet cristal de roche.
1508 Cachet armoiries cuivre.
1509 Cachet cuivre.
1510 Cachet fer gothique.
1511 Cachet. do
1512 Cachet fer. do
1513 Cachet armoiries cuivre.
1514 do
1515 Cachet cuivre.
1516 Cachet armoiries cuivre.
1517 Cachet fer.
1518 Cachet en cristal.
1519 Monture de cachet argent.
1520 Petit cachet cuivre.
1521 Cachet.
1522 Sceau cuivre d'un abbaye (XVᶜ)
1523 Deux bagues fer.

Médailles, Ivoires, Émaux, Camées.

1524 Quatre petites médailles argent.
1525 Médaille en argent (XVIIᵉ).
1526 Six médailles diverses (XVIIᵉ).
1527 Médaille double face J. M. (XVIIᵉ) dorée.
1528 Médaille double, cuivre.
1529 Médaille cuivre.
1530 Médaille cœur visitation.
1531 Grande médaille sainte Claire et sainte Françoise (XVIᵉ).
1532 Reliquaire argent vierge.
1533 Grande médaille saint Antoine de Padoue dorée armorié espagnole.
1534 Plaque argent présentation au temple (XVIᵉ).
1535 Médaille Genève argent.
1536 Médaille Rouget de l'Isle avec la Marseillaise.
1537 Tête deux personnages.
1538 Pièce commémorative argent (canal de Roanne).
1539 Médaille de Louis XVIII argent.
1540 Serment du Jeu de Paume, médaille.
1541 Médaille Henri V naissance.
1542 Grande médaille cuivre, dorée (XVIᵉ).
1543 Boutons.
1544 Plateau fer pour hosties.
1545 Croix du saint Esprit.
1546 Porte-montre en filigrane argent doré Louis XVI.
1547 Boutons.
1548 Petite vierge bronze (xv).
1549 Fermoir gothique.
1550 Monture cuivre chasse.
1551 Petit cuivre empire doré.
1552 Tête bronze romain.
1553 Série de petits poids en cuivre.
1554 Broche gallo-romaine.
1555 Tête d'homme yeux émail.
1556 Grand vitrail saint portant le Christ, Saint Christophe (XVᶜ).
1557 Grand vitrail saint Roch (XVᶜ).
1558 Vitrail saint Antoine (XVᶜ).
1559 Vitrail cardinal Rollin (XVᶜ).
1560 Vitrail suisse Renaissance (XVIᶜ)
1561 Vitrail saint Martin (XVIᶜ).
1562 Petit vitrail armoirie (XVIᶜ).
1563 Email descente de croix Nardon Penicaud (XVIᶜ)

1564 Email saint Antoine Limoges.
1565 Croix bysantine émaux Christ en japon (xiiie).
1566 Email translucide un pape (xvie).
1567 Petit émail l'Adoration des Mages signé Nicolas (xviie).
1568 Boîte à corporaux Christ émail (xvie).
1569 Châsse émaux de Limoges ou allemand (xvie).
1570 Coupe émail (xvie).
1571 Baiser de paix, bronze et émaillé Henri II.
1572 Christ ivoire sur croix, cadre bois sculpté, G. Bagard.
1573 Devant de coffre ébène et ivoire Henri II.
1574 Dyptique bois et ivoire.
1575 Croix avec beau Christ ivoire (xviiie).
1576 Christ insulté, ivoire, cadre vieil argent (xvie).
1577 Manche ivoire sculpté (xvie) sceptre.
1578 Coupe ivoire, entrevue de Charles-Quint et François Ier (xvie).
1579 Ivoire Christ portant sa croix.
1580 Pieta en ivoire du xive.
1581 Ivoire trois personnages, La Flagellation (xviie).
1582 Ivoire groupe Vierge et Enfants (xviie).
1583 Boîte à poudre ivoire, dessin paille, monture dorée (xvie).
1584 Poire à poudre bois ivoire et nacre (xvie).
1585 Ivoire femme, médaillon C. D.
1586 Statuette ivoire femme (xvie).
1587 Ivoire ancien Chinois homme (xve).

1588 Ivoire ancien Chinois femme. (xve).
1589 Morceau d'os sculpté, 2 têtes comiques.
1590 Poire à poudre en os, Renaissance.
1591 Pied de roi, ivoire monté argent, Louis XVI.
1592 Plaque ivoire Crucifixion, Renaissance.
1593 Plaque ivoire 2 sujets de la Passion (xive).
1594 Triptyque bois, cuivre et Vierge ivoire.
1595 Plaque os, deux personnages (xive).
1596 Plaque os, deux personnages (xive).
1597 Plaque deux personnages os sculpté.
1598 Eventail.
1599 Etui os sculpté.
1600 Petite boîte ivoire Louis XVI.
1601 Vierge en ivoire (xviie).
1602 Dessus de boîte ivoire Louis XVI.
1603 Ecran vieil argent du xvie gothique.
1604 Ivoire sculpté plaque sainte Madeleine (xviie).
1605 Christ doré sans bras du xviie.
1606 Anges ivoire sur velours.
1607 Ivoire sculpté Jésus portant sa croix.
1608 Ecrin ivoire gravé monté argent.
1609 Vierge ivoire (xve).
1610 Vierge ivoire (xviie).
1611 Morceau d'ivoire sujet allégorique.
1612 Peigne renaissance chasse en ivoire (xvie).

Broderies & Soieries.

1613 Grande tapisserie (xvie), Entrevue de guerriers.
1614 Tableau tapisserie vierge en prière Louis XIV.
1615 La vierge et adorateur broderie (xvie).
1616 Châle fond blanc de l'Inde.
1617 do

1618 Tablier linon brodé fleurs Louis XVI.
1619 Grande bannière, soies diverses, peinture xvie italien.
1620 rideaux soie jaune.
1621 Tapis velours rouge bordure,
1622 Bandeau drap, La Justice, brodé et fleurs (xvie).

1623 Bandeau de drap brodé, motifs Henri II soie de couleur.
1624 Tenture Louis XIV.
1625 do
1626 Petites tapisseries.
1627 Grand tapis persan.
1628 Grande thèse imprimée en soie rouge (XVIe).
1629 Gilet soie brodé Louis XVI.
1630 Gilet brodé, pensées, Louis XVIII.
1631 Grand écran tapissé Louis XIV petit point.
1632 Tapis à grandes fleurs, Louis XVIII.
1633 Cuir de Cordoue.
1634 do
1635 Etoffe brochée ancienne.
1636 do
1637 Devant d'autel broderie (XVIe).
1638 Bande chinoise.
1639 Petit tapis en soie brodée Louis XVI.
1640 Mouchoir soie brodé, Exposition Universelle.
1641 Dessus de lit.
1642 Belle Bannière bretonne du XVIe s., à deux faces.
1643 Tentures à fleurs.
1644 Devant de corsage suisse.
1645 Bannière sur soie, Saint Nicolas, brodé.
1646 Morceau de bandeau Louis XIV.
1647 Etoffe verte brodée argent.
1648 Broderies de chasuble, deux saints (XVIe).
1649 Broderies de chasuble, deux saints (XVIe).
1650 Deux morceaux chasuble brodée, personnages (XVIe).
1651 Broderie de jupon Empire, soie.
1652 Couvre calice soie argent, or, perles fines (XVIIe).
1653 Ecran ancien, tapisseries anciennes.
1654 Tablier chinois.
1655 do
1656 Tapis de Sousse.
1657 Etoffe à raies de couleurs Louis XVI.
1658 Linon brodé couleurs.
1659 Sachet brodé argent.
1660 Sachet tapisserie, fleurs de lys Louis XII.
1661 Paire de pantoufles brodées (XVIIe).
1662 Tableau, Saint sur broderie.
1663 Sainte Jeanne, sur broderie.
1664 Baudrier, avec armoirie et ferrure (XVIe).
1665 Grande Monstrance, velours brodé, métal (XVIe).
1666 Tapis.
1667 Jupon et corsage Louis XVI.
1668 Devant de corps brodé fleurs.
1669 do
1670 Soie verte brochée Louis XIV.
1671 Galon de soie verte.
1672 Tapisserie fauteuil Louis XV.
1673 Deux morceaux tapisseries.
1674 Morceaux de bandes tapisseries.
1675 Débris de tapisseries, franges dorées.
1676 Débris de fauteuil velours.
1677 Grande tenture velours jaune.
1678 Dessus de fauteuil velours rouge.
1679 Vieille tapisserie (plusieurs morceaux).
1680 Tapisseries anciennes, appliques.
1681 Tapisserie, petits points.
1682 Tapisserie moderne, fauteuil.
1683 Soie brochée Louis XIV.
1684 Coupures soie.
1685 Damas rouge, 1m,50.
1686 Morceau de soie blanche damassée.
1687 Morceau de soie.
1688 Petites pochettes tapisserie.
1689 Ruban brodé.
1690 Vieux sac brodé Louis XIV.
1691 Velours rouge ancien.
1692 Morceau soie rouge brochée (XVIe).
1693 Soies vertes anciennes.
1694 Soie brochée Louis XII, bleu.
1695 Damas rouge, 2 mètres.
1696 Deux morceaux de soie brochée, fleurs Louis XV.
1697 Soie blanche damassée.
1698 Coiffure en jais (XVIe).
1699 Plusieurs coupons rubans et étoffes soie et autres.
1700 Divers galons.

Divers.

1701 Ciboire étain ciselé et doré.
1702 Bénitier étain.
1703
1704 Manche cuiller étain.
1705 Fleur 1556 dorée fer.
1706 Plusieurs poids bronze, divers.
1707 Compas à tailler les hosties.
1708 Petit poignard.
1709 Couteau incrusté Henri II.
1710 Croix Christ, 2 personnages.
1711 Eperon Renaissance doré.
1712 Plateau cuivre pour hosties.
1713 Petit sceptre en bois peint et doré.
1714 Coupe raisins et fleurs.
1715 Pince à feu arabe ancienne.
1716 Pince à feu.
1717 Canne de Rajah ébène.
1718 Petite pelle en fer.
1719 Albâtre sculpté, Entrée à Jérusalem.
1720 Applique Louis XVI cuivre.
1721 Porte-montre cuivre Empire.
1722 Portion de tryptique russe émaillé.
1733 Crochet.
1724 Tête de clef cuivre.
1725 2 fibules romaines.
1726 Mouchette cuivre (xviie).
1727 Plaque Vénus bronze doré, Louis XVI.
1728 Garniture cadre cuivre doré.
1729 Petite cloche.
1730 Applique cuivre Louis XVI, dorée.
1731 Porte-montre bronze, fleur.
1732 Applique cuivre Empire.
1733   do
1734   do
1735   do
1736 Croix en acier (Creusot).
1737 Croix.
1738 Petite applique dorée Louis XVI.
1739 Petite applique dorée Louis XVI.
1740 Motif cuivre.
1741 2 crochets.
1742 Plaque bronze, décoration romaine.
1743 3 crochets.

1744
1745 Marteau de porte.
1746 Petit cuir : le Crucifiement.
1747 Petit cadre en paille de couleur, gravure.
1748 Petit panneau sculpté (xvie).
1749
1750 Marteau cuivre doré (xvie)
1751 Entrées de serrures.
1752 Entrée en fer gravé (xvie).
1753   do
1754 Entrée de coffre dorée Louis XII.
1755 Entrée serrure cuivre.
1756 Entrée serrure fer.
1757 Entrée serrure (xve).
1758 Entrée Louis XVI.
1759
1760 Entrée motif Louis XV, cuivre.
1761 Marteau de fermeture (xve).
1762 Entrée en fer gothique.
1763   do
1764 Poignée cuivre doré.
1765 Grand cadenas fer sculpté et sa clef, fer doré et sculpté.
1766 Serrure-cadenas, fer forgé, clef.
1767 14 clefs.
1768 Clef.
1769 Clef.
1770 Clef.
1771 Sabots.
1772 Gourde coco sculpté, montée argent.
1773 Grelot cuivre.
1774 Balance et poids.
1775   do
1776 Chibouk argent gravé et son tube en cuir.
1777 Mandoline espagnole (xviiie).
1778 Vielle incrustée ivoire.
1779 Parasol chinois.
1780 Joug de bœuf bois et cuir (xviie).
1781 Chapeau chinois.
1782 Cadre bois doré.
1783 Cadre doré.
1784   do
1785   do
1786 Petit cadre bois doré.

1787 Cadre.
1788 d°
1789 Petit cadre Louis XVI.
1790 Petit cadre.
1791 Enfant Jésus couché, cire.
1792 Cire : Sainte Elisabeth de Hongrie et pauvre, C. B. D. (xviie).
1793 Saint Joseph, cire, habillé (xviiie).
1794 La sainte Vierge, cire, habillée (xiiie).
1795 Tête en cire, saint Pierre.
1796 Tête en cire, saint Paul.
1797 Petit cadre ancien brodé.
1798 Cadre B. S., jardin avec personnage.
1799 Lion, statuette marbre.
1800 Encrier en bois Louis XVI.
1801 Petit dévidoir.
1802 Pied de calice doré.
1803 Baiser de paix, argent doré, sujet xvie.
1804 Divinité, cuivre repoussé et doré (xviie) et support.
1805 Pied de statue.
1806 Bénitier, cuivre repoussé, Louis XIII.
1807 Cire, paysans, C. D. (xviiie).
1808 Médaillon d'un Pape, marbre avec cadre.
1809 Bénitier bois sculpté.
1810 Christ sur croix, bronze ancien.
1811 Croix bois, Christ bois.
1812 Le larron en croix, mobile (xvie).
1813 Enfant, marbre, Donatello, C. N. B. (xvie).
1814 Christ en croix.
1815 Petit reliquaire.
1816 Petit reliquaire sous verre.
1817 Table à cinq pieds.
1818 Support glace montée cuivre (xviie).
1819 Terre cuite, boîte au scrutin des doges (xve), polychromée et dorée.
1820 Support de Vierge gothique, peintures.
1821 Lustre.
1822 Lustre lampe arabe, cuivre.
1823 Lanterne cuivre persan.
1824 Lanterne plate en cuivre.
1825 Petite lanterne.
1826 Brûle-parfums en bronze (xvie).
1827 Vase bronze flambeau Louis XVI.
1828 Lanterne cuivre, Avignon (xvie).
1829 Lanterne Louis XVI.
1830 Lanterne Louis XIII cuivre repoussé.
1831 Chauffe-main Chinois en bronze et son pied.
1832 Suspension femme queue de poisson Nuremberg, six lumières.
1633 Suspension Louis XIV, cuivre.
1834 Suspension fer.
1835 Lampe de mineur.
1836 Lanterne turque.
1837 Belle lanterne.
1838 Une applique fer, Renaissance, peinte.
1839 Une applique fer, Renaissance, peinte.
1840 Console fer forgé.
1841 Console fer.
1842 Lance montée argent, intérieur d'Afrique.
1843 Lance montée argent, intérieur d'Afrique.
1844 Armoirie Chevalier de la Toison d'or.
1845 Petit panneau peinture.
1846 Ange bois sculpté et peint (xviie).
1847 Ange bois sculpté et peint (xviiie).
1848 Molière, plâtre sur socle, d'après Courton.
1849 La Fontaine, plâtre sur socle, d'après Courton.
1850 Support terre cuite, style Renaissance.
1851 Support bois sculpté, tête d'ange.
1852 Groupe de Mages, bois sculpté.
1853 Support.
1854 Support.
1855 Bouddha chinois, bois.
1856 Niche bois sculpté.
1857 Sainte Anne et la Vierge, bois sculpté.
1858 Ange peint, bois sculpté, applique.

1859 Ange peint, bois sculpté, applique.
1860 Support gothique.
1861 Saint Roch, bois peint, statue.
1862 Têtes d'anges, bois sculpté.
1863 do
1864 Petit dessus de porte, bois sculpté.
1865 Sculpture bois sur panneau (xviiie).
1866 Petit dessus de porte, bois sculpté.
1867 Fronton de glace.
1868 Console plâtre.
1869 —
1870 Saint Joseph, bois, statue.
1871 Bouddha.
1872 Support peint et doré.
1873 Support, tête d'ange.
1874 Sainte Anne tenant la Vierge et l'Enfant, bois sculpté.
1875 Saint debout, doré, bois sculpté (xvie).
1876 Support fer doré.
1877 Buste femme, plâtre.
1878 Saint Clair, bois sculpté (xvie).
1879 Tête d'homme, cuir repoussé.
1880 Le Père Eternel bénissant, bois sculpté (xvie).
1881 Sainte tenant un livre, bois sculpté (xvie).

1882 Support bois sculpté.
1883 Tête de femme sculptée, polychrome Henri II.
1884 Tête d'homme sculptée, polychrome Henri II.
1885 Buste de Vierge, pierre.
1886 Un homme accoudé, pierre du xvie s.
1887 Un homme accoudé, pierre du xvie.
1888 Bois sculpté, cygne.
1889 do
1890 Agneau sculpté, pierre (xvie).
1891 Chapiteau, roman.
1892 do
1893 do
1894 do
1895 Nègre, faïence génoise (xviiie), femme.
1896 Socle bois doré (xviie).
1897 Nègre, faïence génoise (xviiie), homme.
1898 Socle bois doré (xviie).
1899 Sculpture pierre.
1900 Le Crucifiement, grande scène de l'école de Cologne, deux faces. L'Ascension, d'autre part.
1901 Poule en bois sculpté.

AVIS

La désignation des objets figurant au présent Catalogue n'est faite qu'à titre d'indication et sans aucune garantie de signatures, d'époques, d'origines, non plus que du bon ou du mauvais état des objets.

SEMUR-LA-COQUETTE

S'il est un pays, charmant entre tous, sous le ciel d'azur de la « Douce France », c'est assurément celui dont la cité-reine s'étage sur les rocs pittoresques bordant l'Armançon.

Semur-la-Coquette déploie, en effet, toutes les grâces d'une châtelaine avec ses quatre tours massives, restes de l'ancien donjon féodal; capricieusement, elle a choisi un piédestal de granit rose de l'Auxois pour se mirer dans la moire mouvante qu'étale à ses pieds le sinueux Armançon.

Du haut des rochers abrupts que, sans crainte, le lierre escalade, et que la belle saison revêt d'une floraison intense de giroflées et de lilas d'Espagne, elle assiste, impassible, à l'admiration des voyageurs ou des touristes qui louent, sans réserve, sa pittoresque beauté.

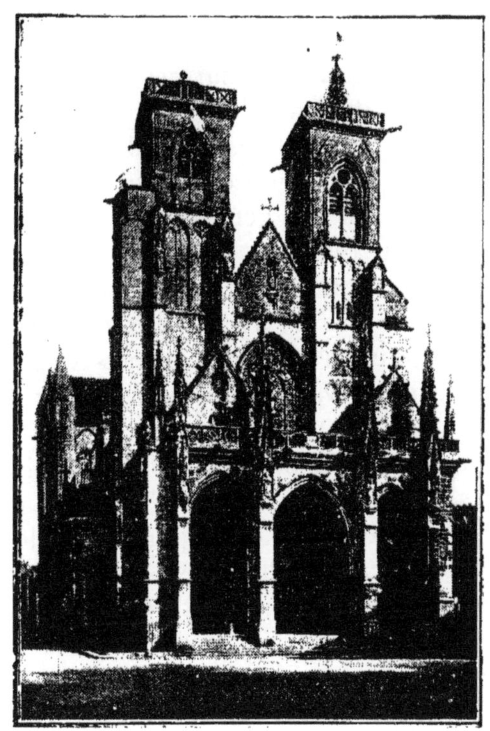

NOTRE-DAME   Cliché N. D.

Sûre de son prestige, elle offre aux yeux de tous le plus

pur joyau architectural du x111ᵉ siècle avec la cathédrale Notre-Dame, dont la silhouette majestueuse et délicatement fouillée domine la ville elle-même comme en un geste de suprème protection.

Prodigue de généreuse hospitalité, Semur, quand elle a offert au visiteur, après les splendeurs de son aspect moyenàgeux, les richesses de son Musée et le calme reposant de ses promenades, attire encore le touriste infatigable dans une joyeuse randonnée qui lui laissera d'impérissables souvenirs.

Est-il sensible aux charmes d'un paysage rehaussé des conceptions du génie humain ? vite elle conduira au Barrage de Pont, dont les cascades jaseuses, la digue superbe et le lac immense enserré dans les rocs richement habillés de l'or des genèts et de la pourpre des digitales, le laisseront rèveur.

Ou bien, épris des temps anciens, veut-il faire plus ample connaissance avec le passé ? Sans jalousie aucune, Semur le guidera à Les Laumes-Alesia; sans fatigue, il verra surgir devant lui les surprenantes découvertes romaines que, chaque jour, des fouilles intelligentes mettent à nu; et, du haut du mont Auxois, si riche de souvenirs, il jouira encore, sur la vallée des Laumes, d'un panorama inoubliable; à quelques kilomètres plus loin, le célèbre château de Bussy-Rabutin lui offrira un très grand intérêt historique et artistique, avec ses superbes collections de portraits et de tableaux.

Est-ce enfin un rèveur en quête de poésie ? de suite la gracieuse châtelaine lui entr'ouvrira les calmes frondaisons des bois de sapins au milieu desquels se niche le château de Bourbilly si curieux à visiter, et tout parfumé encore, ce semble, du délicat et fin souvenir de Mᵐᵉ de Sévigné.

Enfin le beau château féodal d'Époisses, en partie du xivᵉ siècle, méritera l'admiration du touriste émerveillé par tant de richesses naturelles. Il jettera encore ses regards ravis sur l'horizon qu'empourprera le soleil couchant et sur lequel se dessineront, presque solennels dans leur ruine, les restes de la Collégiale de Thil.

En un mot, il emportera un souvenir charmant des sites pittoresques, des rochers, des vallons, des précipices où se perdent les eaux, des belles sources par lesquelles elles rejaillissent, des cascades qui interrompent brusquement le cours des ruisseaux, et qui font de l'Auxois une miniature de la Suisse, créée pour charmer la vue et élever l'âme dans le domaine de ce qu'elle recherche le plus ici-bas : la Beauté.

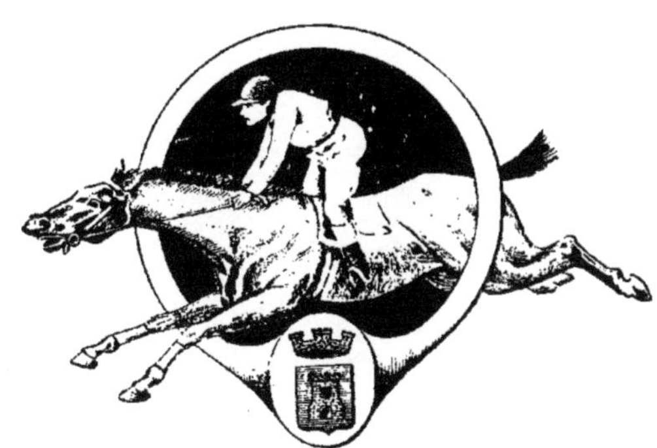

La **Course** « de la **Bague** », la plus ancienne de **France**, a lieu, à **Semur**, tous les ans, le **31 Mai**

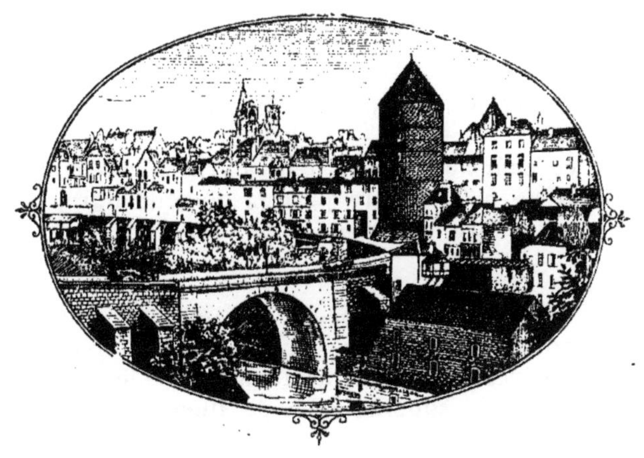

LES ENVIRONS DE SEMUR

BRÈVES NOTES HISTORIQUES

Semur possède deux stations de voies ferrées : la gare du Chemin de fer P.-L.-M. et la station du Tramway allant de Semur à Beaune, en passant par Précy-sous-Thil, Saulieu, Arnay-le-Duc et Bligny-sur-Ouche.

Les voies de communications sont nombreuses; de belles routes permettent de rayonner facilement autour de la ville.

Ce sont :

1º La route de Semur à Époisses, avec embranchement sur Moutiers-Saint-Jean;

2º La route de Semur à Précy-sous-Thil, avec embranchements sur : Fléc, Bierre, Bourbilly et le château de Thil;

3º La route de Semur à Vitteaux, avec embranchements : sur le Barrage de Pont, Souhey, Magny-la-Ville, Marigny-le-Cahouet et Saint-Thibault.

4º La route de Semur à Montbard, passant à Montigny-Montfort;

5º La route de Semur à Flavigny, passant à Pouillenay;

6° La route de Semur aux Laumes, avec embranchements : sur Lantilly, Grignon, Bussy et Alesia.

Flée. — *9 kilomètres de Semur.* — Beau château; magnifique terrasse.

C'est dans ce château qu'aura lieu la vente d'une collection artistique dont on a lu d'autre part la nomenclature, ce qui nous dispense d'en dire davantage.

Le Thil. — *15 kilomètres de Semur* (au sommet de la haute montagne de ce nom). — Ruines imposantes d'un château féodal du xiie siècle, relié à une église fortifiée (Collégiale des xie et xiie siècles) par une superbe allée de tilleuls plusieurs fois séculaires.

De ce point élevé, la vue s'étend au loin : d'un côté sur l'Auxois, de l'autre sur le Morvan. Les jours où le ciel est très pur, on aperçoit, du Thil, les cimes du Mont-Blanc.

Souhey. — *8 kilomètres de Semur.* — La plus petite commune de l'arrondissement de Semur, où l'on remarque un château d'assez belle apparence, ayant appartenu pendant trois siècles à la famille COUTHIER, puis à celle des DAMAS DE CRUX, des MOLLERAT, et enfin à la branche cadette des Comtes DE GUITAUT. La Comtesse DE BRESSON, ancienne ambassadrice à Berlin et à Madrid, l'habita sans interruption de 1847 à 1903.

Magny-la-Ville. — *9 kilomètres de Semur.* — Deux châteaux : le premier, reconstruit sur les ruines de l'antique manoir féodal des seigneurs du lieu, appartient aujourd'hui à M. FERNAND MAQUAIRE, l'éleveur bien connu de chevaux de pur-sang; le second, construit il y a quelque trente ans par le Comte RENÉ DE COMMINGES-GUITAUD, ancien ministre plénipotentiaire à Lisbonne, est aujourd'hui la propriété de sa nièce, Mme la Comtesse DE BEYNAC.

Montigny-Montfort. — *11 kilomètres de Semur.* — Le château-fort de Montfort, élevé au xive siècle au sommet d'une haute colline, commandait toute la vallée. Ce château a été détruit de 1780 à 1790; ses ruines sont encore les plus pittoresques de la Bourgogne.

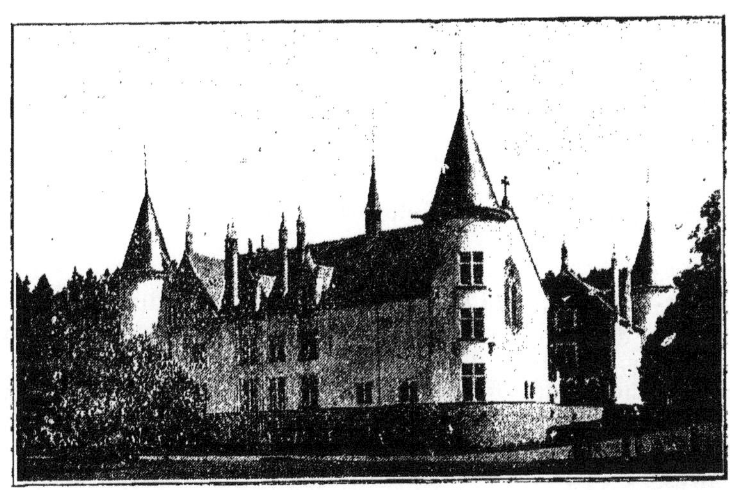

Bourbilly. — *8 kilomètres de Semur.* — Il y avait là un ancien château rempli des souvenirs laissés par Mme de Sévigné et sa grand'mère, Mme de Chantal. Aujourd'hui, l'antique manoir a disparu pour faire place à un admirable château construit par son propriétaire actuel, le Comte DE FRANQUEVILLE, qui y a conservé le culte de sainte Jeanne de Chantal.

Flavigny-sur-Ozerain. — *15 kilomètres de Semur.* — Petite ville, au sommet d'une montagne, ayant admirablement conservé son caractère moyenâgeux. Tout y est à visiter, notamment : les portes, qui sont dans un remarquable état de conservation; la Maison LACORDAIRE, récemment encore siège du noviciat des Dominicains, où de vastes appartements sont, à des prix très modérés, mis à la disposition des touristes et de leurs familles toujours nombreux dans la belle saison; l'église paroissiale, dont la construction remonte au XIIIe siècle, où l'on admire surtout les stalles du chœur et le jubé; le petit séminaire Saint-Bernard, admirablement situé, bâti au commencement du XVIIIe siècle par Claude Couthier, marquis de Souhey, gouverneur de Flavigny, séjour enchanteur devenu ensuite Couvent des Ursulines; l'ancienne abbaye des Bénédictins, restaurée en partie par M. Galimard qui se fait un plaisir de faire visiter aux touristes la crypte et l'escalier d'honneur, véritables chefs-d'œuvre du genre.

Anis renommés.

Marigny-le-Cahouet. — *12 kilomètres de Semur* (gare de Chemin de fer; Canal. — Château-fort très ancien, encore entouré de ses fossés; son propriétaire actuel, M. GEORGES SIRAUDIN, a rétabli le pont-levis avec sa herse.

Des fouilles pratiquées dans la cour intérieure ont mis à nu les vestiges du Donjon.

L'église, qui est du XVe siècle, est à visiter.

Saint-Thibault. — *19 kilomètres de Semur* (gare de Chemin de fer). — L'église seule y est remarquable. Les parties qui attirent le plus les regards, et qui sont vraiment dignes d'admiration, sont: le chœur, qui étonne par la hardiesse de sa construction; la porte ogivale, avec ses bas-reliefs et ses vantaux élégamment ornés; le Christ en croix, les boiseries sculptées et les reliquaires.

Lantilly. — *8 kilomètres de Semur.* — Au sommet d'un large plateau. Très beau château construit au commencement du XVIIIe siècle par Charles de Chaugy; terrasse admirable, d'où l'on découvre le plateau d'Alesia et toutes les collines environnantes. Les galeries de ce château renferment de beaux tableaux et de belles tapisseries.

A proximité, tumulus fouillé tout récemment par le marquis RAOUL DE VIRIEU, ancien colonel du 27e de ligne, propriétaire actuel du château; les objets recueillis sont placés dans des vitrines où l'on peut les visiter.

Bussy. — *19 kilomètres de Semur.* — Élégant château construit par le comte Roger de Bussy-Rabutin, cousin de Mme de Sévigné, lequel y a accumulé une quantité prodigieuse de tableaux devenus célèbres, qui constituent un véritable musée.

A voir également : les allées ombreuses du parc dessiné par Le Nôtre.

Mme la comtesse DE SARCUS, propriétaire de ce château, est décédée tout récemment.

Les Laumes-Alesia. — *15 kilomètres de Semur* (grande gare sur le chemin de fer de Paris à Lyon). — Ce hameau de la commune de Venarey est devenu le centre du chef-lieu de canton, sous le nom de Venarey-Les Laumes.

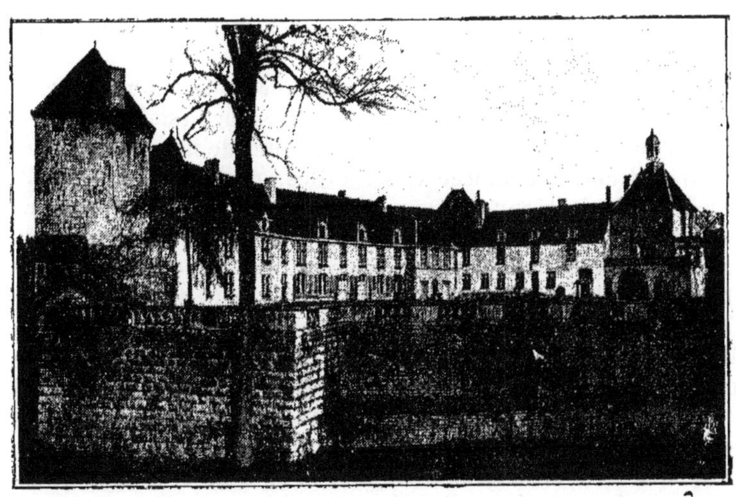

CHATEAU D'ÉPOISSES

Époisses. — *13 kilomètres de Semur* (gare du Chemin de fer.
— Le Château d'Époisses, dont l'origine remonte à Brunehaut,
soutint plusieurs sièges qui sont restés célèbres. Il est encore
pourvu de sa double enceinte et de larges fossés; c'est un des
plus rares exemplaires de la puissance féodale. On y admire
des tableaux d'une très grande valeur; ses archives renferment
de véritables trésors, entre autres les lettres autographes de
Mme de Sévigné à la famille de Guitaut.

Le propriétaire actuel de cet illustre château est le Comte
HENRI DE GUITAUT.

Montbard. — *18 kilomètres de Semur*. — Chef-lieu de canton ;
Canal (gare sur la grande ligne du P.-L.-M). — Cette ville, qui
est admirablement située, a donné naissance à des hommes il-
lustres. Sont à visiter : l'église, la tour de l'ancien château, la
maison de Buffon devenue École primaire supérieure, son parc,
l'Usine métallurgique des Corps-Creux, etc.

Alesia. — *1 kilomètre 1/2 de la gare des Laumes, et à 16 kilomètres de Semur*. — Nous voici devant Alesia, ce rempart de la
défense héroïque opposée par les Gaulois de Vercingétorix aux
soldats de César.

Il est là, sur son piédestal, le glorieux vaincu, à qui une

statue gigantesque a été élevée par Napoléon III pour perpétuer le souvenir de cette glorieuse résistance.

Avant de visiter les fouilles, qui recouvrent le plateau, il est intéressant de jeter un coup d'œil à l'église paroissiale, à l'hospice, où l'on conserve les précieuses reliques de la patronne du lieu, Sainte Reine, au musée des fouilles, au musée municipal.

L'arrivée impressionnante sur le plateau se fait par l'escalier construit par le Docteur Epery : on jouit alors d'un panorama splendide avant de contempler les vestiges de constructions gauloises et gallo-romaines.

M. Victor Pernet, directeur des premières fouilles, se met toujours très gracieusement à la disposition des touristes qui se montrent désireux de visiter le champ d'exploration, où l'on peut voir les restes jusqu'ici souterrains, de monuments grandioses de l'époque gallo-romaine : un théâtre, un temple, un monument à trois absides, un monument quadrangulaire à double rangée de colonnes, des salles de bain, des puits, des citernes, des voies romaines, etc. Parmi les objets recueillis, citons : la flûte de Pan, un vase d'or, des monnaies, le dieu Silène, le Gaulois qui dort, etc. Plus loin, à l'extrémité du plateau, côté sud, se trouvent d'autres fouilles, dirigées par le commandant Espérandieu, au lieudit : *La Croix Saint-Charles;* là aussi, les découvertes ont été nombreuses, et les visiteurs en reviennnent émerveillés.

En descendant aux Laumes, jetons encore un dernier regard sur toutes ces montagnes, dont chacune a son histoire particulière, et, si nous avons en main les *Commentaires de César,* nous verrons qu'Alesia *de l'Auxois* est bien l'oppidum qui y est décrit.

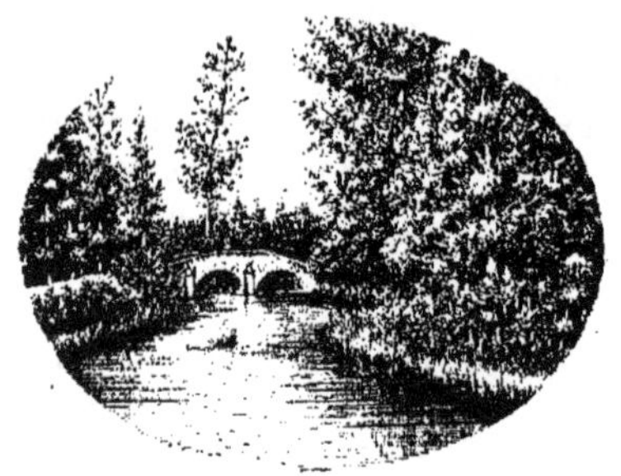